“十二五”职业教育国家规划教材
经全国职业教育教材审定委员会审定

高等职业学校旅游类专业教材

服务礼仪与形体训练

主　编　朱列文　李　薇
副主编　徐进来　陈　琛　王小梅
参　编　毕晓军　张　健

中国轻工业出版社　全国百佳图书出版单位

图书在版编目（CIP）数据

服务礼仪与形体训练／朱列文，李薇主编. —北京：中国轻工业出版社，2020.12

“十二五”职业教育国家规划教材

高等职业学校旅游类专业教材

ISBN 978-7-5019-9786-2

Ⅰ. ①服… Ⅱ. ①朱… ②李… Ⅲ. ①服务业–礼仪–高等职业教育–教材 ②形体–健身运动–高等职业教育–教材 Ⅳ. ① F719 ② G831. 3

中国版本图书馆CIP数据核字（2014）第113096号

责任编辑：史祖福　方晓艳

策划编辑：史祖福　　责任终审：张乃柬　　封面设计：锋尚设计

版式设计：锋尚设计　　责任校对：张　杰　　责任监印：张　可

出版发行：中国轻工业出版社（北京东长安街6号，邮编：100740）

印　　刷：三河市万龙印装有限公司

经　　销：各地新华书店

版　　次：2020 年 12 月第 1 版第 7 次印刷

开　　本：787 × 1092　1/16　印张：10.5

字　　数：235千字

书　　号：ISBN 978-7-5019-9786-2　定价：42.00 元

邮购电话：010-65241695

发行电话：010-85119835　传真：85113293

网　　址：http：//www.chlip.com.cn

Email：club@chlip.com.cn

如发现图书残缺请与我社邮购联系调换

201635J2C107ZBW

随着市场经济的逐步深入，对旅游服务业的要求也越来越高。旅游服务性企业能否在激烈的市场竞争中立足发展，取决于服务企业的工作人员能否顺应市场发展要求，满足客户深度需求。旅游服务业涉及行业多、覆盖领域广，怎样才能使该类专业的学生以及从业人员领悟到服务礼仪的精髓，提升形体魅力，这是本书编写的初衷。

本书以旅游服务行业岗位群工作项目为导向，典型工作任务为驱动，利用数字资源打造支撑平台，组织网络时代混合学习，深入推进传统礼仪课程的转型与升级。

本书适用于高职院校旅游管理类专业（旅游管理、酒店管理、会展策划与管理等专业）以及航空服务类专业，同时也可作为各类培训机构、服务性企业以及其他各类企业相关工作者的参考材料。

本书分为服务礼仪和形体训练两大部分，包含商务礼仪、职场礼仪、仪式礼仪、举止礼仪、形体训练、韵律训练六大项目，下设 35 个任务，覆盖当前旅游服务业典型工作情境。体例上分为以下四个部分：

【案例导入】设置具体情境，导入真实案例，使课程对接岗位，培养学生的分析和解决实际问题的能力，提高服务意识。

【知识链接】重点介绍必备知识，风格力求清新活泼，摒弃繁杂的说教，便于学习者掌握。

【实训要求】以服务工作步骤和工作内容为主线索，设计相关主题的实训项目，强化学生的职业认知和操作技能。

【拓展提升】借助二维码形象地告知辅助性教学资源地址，引导学习者在网络环境下快速开展自主学习和交流活动，获取全方位、高质量、即时化的数字资源。

本书创新之处是利用信息技术改进传统高职礼仪教学模式，做到课程开发多元化、数字资源立体化、资源获取即时化；新编立体化教材配置相应的辅助性教学资源标注，利用二维码技术快速即时传递本处教学内容所配备的辅助性教学资源地址，突破传统教学时空局限，变教材为学材，通过开放式网络课程慕课、视频公开课、微课、博客等多种途径，打造数字化学习平台，营造具体、典型、案例化的教学情景，同时，为使用者提供丰富的信息化教学资源，包括学科网站、资源库、光盘、配套电子教案、电子课件、试题库、课外作业等。

形体训练篇不仅有具体的动作要领，同时配有大量的图片展示，直观性强；专门设计的实操内容，可操作性强，学习者一看就能懂，一学就会练，一练就有效；训练目的、基本要求、注意要点、教学方法等，简洁明了、生动鲜明。这是编者长期以来指导操作的积累，并经过了实践的检验，取得了较好的效果，整理出来给同行以借鉴。

本书由广东轻工职业技术学院朱列文、李薇主编，两人均具备教育部颁发的全国职业核心能力认证礼仪训练教师资格证书。项目一由广州民航职业技术学院徐进来执笔，项目二任务1 ～ 3 由王小梅执笔，任务 4 由李薇执笔，项目三由李薇执笔，项目四、项目六由朱列文、广州大学附属艺术学校毕晓军、山东青年政治学院张建执笔，项目五由广东舞蹈戏剧职业学院陈琛执笔。李薇负责统稿。

广州民航职业技术学院经管学院航服系 12 级同学张博、刘晖、王莹、卓珊珊、徐雪芬、童婷玉、胡婷婷、林曼玲、郭晨晨、李倩、朵慧杰、丁思怡、赵琪琪，广东轻工职业技术学院吴肖芬、叶媚、郑秋丽同学参与资料整理。广州民航职业技术学院航服系 12 级航空会展专业林洁娜、邓敏、宋凯玥，13 级空乘专业张浩、于化琮、赵嫣然、李婉莹，13 级航空安保专业孙化祥、刘思挺，广东轻工职业技术学院林杰滨、王小彦、柯健聪担任演示模特。广州民航职业技术学院航服系 13 级航空安保专业罗昊、骆子城，广东轻工职业技术学院石灵心老师、13 级会展专业李嘉恒承担拍摄工作，罗昊同学同时承担图片的后期处理工作，在此一并致谢。

服务礼仪与形体训练之要在于知行合一。所谓优质的服务就是提供给客户比期望多一点点的服务。要做到这一点，不仅需要训练基本技能技巧，更需要引导学生知其然更知其所以然，懂得技巧背后的人际沟通奥秘，以客户的眼光，换位思考，精细服务。本书力求植根典型岗位，彰显现代服务理念，凸显这样一种个性化，超越一般行业标准的服务方式，以期较之同类教材，在内容上更能满足产业转型升级与个人职业生涯发展需求，在形式上更能兼顾教学者与学习者双重需求。但因编者水平有限，未尽完善，编者诚挚地欢迎业内人士提出宝贵意见，以期尽善尽美。

编写过程中参考了许多专家观点、理论，特此表示感谢，并在参考文献中尽量详尽列出，如有遗漏，敬请谅解。

编者

2014 年 7 月

CONTENTS 目录

服务礼仪篇

形体训练篇

服务礼仪篇

项目一

商务礼仪

■ 学习目标

❶ 了解仪容的重要性
❷ 能够礼貌、规范地接打电话，收发信息等
❸ 了解商务信函的类型、作用、基本内容和格式要求
❹ 了解商务演讲礼仪的类型及要求
❺ 了解接待、欢送礼仪规范
❻ 了解介绍礼仪的重要性、种类、要领与技巧
❼ 了解握手的时机、技巧及礼仪
❽ 掌握会场座次布置及合影礼仪
❾ 掌握乘坐不同种类车型时的座次安排及文明礼仪
❿ 了解乘电梯应注意的礼仪
⓫ 了解馈赠的基本常识和礼仪规范
⓬ 掌握涉外礼仪的基本知识及要求

■ 情境描述

有一个非常有名的企业将要与外商签下一笔高额合同，这笔生意将会给企业带来巨大的利润。在会议期间双方达成共识并打算在午饭后签约。但在未到饭店之前，外商却突然反悔，连饭都没吃就离开了。为何要突然离开？原因在于，去饭店的路上，企业负责人与他交谈时，口水四溅，还随地吐痰，就是因为这小小的一个行为，让外商对这笔生意失去了信心，连饭也没吃就离开了。

请结合即将要学到的知识，谈谈外商为什么对这笔生意失去信心。

任务1 仪容

案例导入

— 糟糕的面试 —

张伊美即将从某一重点大学金融管理专业毕业，她是一位硕士研究生，很快就得到了某家银行的面试通知，职位是在银行的市场部门做营销工作。在和银行的HR（人力资源）联系之后，约好了面试时间，张伊美兴致勃勃地去参加面试了。

当时正是夏季，张伊美穿了一件藕黄色带衬里的薄纱无袖短衫，短衫是大领口，在领口和袖口边上有宽宽的折叠花边；短衫下面是一条同色的短裙，裙边也有宽宽的折叠花边。可能因为热，张伊美没有穿袜子，脚上是一双贴有闪亮水晶片的细高跟黑色凉鞋，手上拿的是一个印有卡通图案的帆布手提包。

面试很快就结束了，张伊美感觉面试的结果不太好，虽然银行没有给她明确的通知，但是面试考官似乎对她的兴趣不大，只是跟她说这个职位不适合她，目前也还没有适合的职位可以提供给她。

张伊美感到很苦恼，心想在自己这个年龄能拿到硕士学位的人少之又少，为什么自己会被拒绝呢？

讨论 ① 张伊美为什么会失败？请你为张伊美设计面试形象。

② 商务活动中应怎么着装？某企业代表上身穿T恤衫，下身穿牛仔裤，脚穿旅游鞋前往谈判现场，请问是否合适？

③ 出席商务活动应该如何化妆？有人说，青春不用妆，你认为对吗？

④ 商务活动可以佩戴什么样的饰品？佩戴戒指、项链、手镯、胸花有何讲究？

扫描二维码登录了解中国移动员工着装规范

请结合以上案例，设计一款适合自己的商务职场形象。

知识链接

一、职业装

着装，也就是指人们的穿着，但是不同于简单的穿衣戴帽。着装需要根据不同的时间、地点、目的、场合来设计。着装整齐、整洁，是体现仪容仪表美的必然要求。

（一）女士职业装

在日常生活中，女性的着装常会出现一些问题，例如，过分时髦、过分暴露、过分可爱或过分潇洒，这些都是职场着装的大忌。

1．服饰

女性正规的服饰：上下分开的套装（长袖／短袖衬衣、长裤、西装裙）或套裙。一般情况下长裙和连衣裙并不适宜在正式的工作场合穿着。

2．鞋袜

穿着职业装应该穿有鞋头、鞋帮、鞋后跟的皮鞋。穿着套装时一定要穿丝袜，一般选择中筒袜或者裤袜。为了避免丝袜脱丝，应该多准备一些丝袜。

3．配饰

在穿着职业装的时候，身上的装饰品最好不要超过三件，否则会给人一种花里胡哨的感觉；不要佩戴有响声的饰品或者金光闪亮的大耳环。文件夹或者手袋的颜色、样式要与服饰相匹配，里面的东西也要放置得有条理。

4．香水

正确使用香水可为职业形象加分。一般来讲，白天用清淡一些的，晚上可以稍微浓烈些。

香水一般涂抹在耳部、颈部、手腕、头发及胸部等部位比较好。最好使用小瓶香水，因为放置时间太久的话，香水会挥发，使用的效果会降低。

标准职业女装如图1-1-1所示。

（二）男士职业装

职业男性着装必须遵守的原则是：正规而庄重。

1．服饰

职业男性至少需要配备三套西服，色调以深色为宜，款式要简单大方，不要过于时髦。另外，需要准备六件与所有西服相配的衬衣，最好是比较保守的白色或淡蓝色。同时需要多准备几条不同颜色的领带。

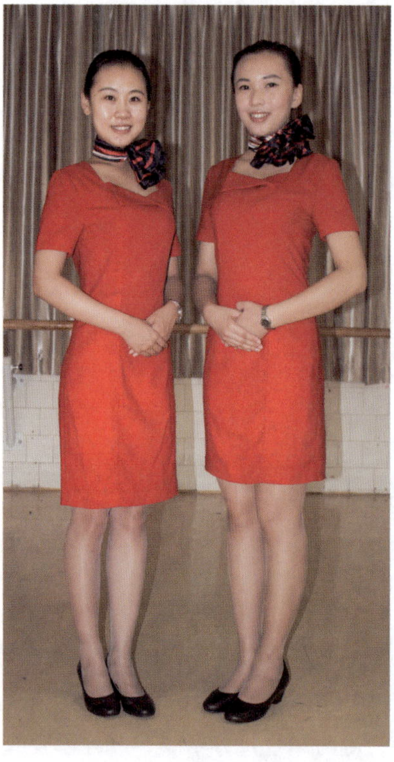

图1-1-1　标准职业女装

2．搭配

男士西装的搭配可分为衬衫、领带、皮鞋、袜子和饰品。衬衫要依据西装的款式选择，纽扣一定要全部扣好。正式场合不要穿深蓝色、深橄榄绿、酒红色或者黑色的衬衫。白色或者浅色清爽的条纹衬衫是首选。

领带的选择要和衬衫、西服的颜色相匹配。佩戴的领带必须提前洗净熨平。在正式场合，色彩过于艳丽或卡通形象的领带让人觉得不庄重。摘下领带后应该解开领带结并悬挂收藏，不要叠起来，以免发生褶皱。

男士在穿着西装的时候，一定要配穿皮鞋。杜绝搭配运动鞋、凉鞋或布鞋。在正规场合，男士的皮鞋应该时刻保持光亮整洁。

袜子的颜色要和皮鞋相搭配。切忌穿着白袜子搭配黑皮鞋去公共场合。

男士西装的饰品很少。可佩戴胸卡，戴在西装左胸上方。还可佩戴手表。手表能较好地体现男士的身份地位和气质。

此外，男士西装、领带、皮鞋的颜色搭配最好选择同一色系，最多不能超过三种颜色。

3. 注意事项

首先，购买回来的西装一定要记得拆除左衣袖上的商标。

其次，为使西装在外观上不走样变形，西装口袋要少装甚至不装东西。

最后，男士在选择西装颜色时，最好选择黑色、灰色或藏青色，这三种颜色比较庄重。

标准职业男装如图1-1-2所示。

图1-1-2 标准职业男装

二、化妆

面部是人体暴露在外时间最长的部位，也是最动人的地方。适度得体的化妆不但可以展现个人的风采，而且能够展示行业的良好形象。大方得体的妆容一方面可以表示对他人的尊重，另一方面也展示了自己健康的精神面貌。

（一）女士职业妆

1. 妆容要求

女士职业妆（图1-1-3）是淡妆，要求淡雅，不可浓妆艳抹。淡妆的主要特征是清丽、素雅，具有明晰的立体感，容易给人留下较深的印象。它可以弥补自身的某些缺陷。除自我感觉良好和心旷神怡外，也是自尊自爱以及对客户尊重的表现。

2. 化妆步骤

第一步：清洁面部

选择清洁类产品去除面部油污，之后用清水洗净。

第二步：打粉底

目的是调整皮肤颜色，可根据面部不同区域，分别用深浅不同的粉底来增强脸部的立体感。

第三步：眉毛

眉毛应该根据个人的脸型来修饰。

第四步：眼线

眼线应根据眼睛的形状来画。眼睛小的可以把眼线画长一点，以此来掩饰此缺陷，但是眼线不宜画得过粗过重。

第五步：眼影

职业女性的眼影应该根据正装或者身上其他佩戴物的颜色来决定，但是不要过于夸张。眼影是用来强调眼睛的立体感的，所以两个内眼角的部位应涂重一些。

第六步：眼睫毛

穿职业装时，一般不宜佩戴假睫毛。在画眼睫毛的时候不宜画得过长、过浓。以Z字形由内往外刷。

第七步：腮红

涂腮红的部位以颧骨为中心，根据每个人的脸型而定。长脸要横着涂，圆脸要竖着涂。

第八步：口红

口红要根据正装的颜色以及妆容的整体颜色来选择。口红不得涂于唇线外。

注意 化妆后要全面检查，主要看妆容是否与着装、发型相符。

图1-1-3 女士职业妆

（二）男士职业妆

男士职业妆（图1-1-4）较为简单：用粉底液或者粉底霜对面部进行简单的修饰；眼部不必做过度的晕染，稍画上眼线即可；眉部则以修眉为重点，可用灰色眉粉进行适当晕染，不必画眼影；唇部用固体膏涂抹，一般选择无色或肉粉色。同时，也要注意与服装相匹配。

图1-1-4 男士职业妆

三、饰品

饰品的种类有很多，主要有：项链、戒指、手镯、胸花等。而饰品的佩戴，并不是多多益善。例如，在上班期间应该不带或少带饰品；运动、旅游、出门拜访时不宜佩戴太多饰品。

（一）戒指佩戴原则

手指肉多者，适合佩戴一些没有花纹的戒指；手指短小者，佩戴不粗不大的指环最为合适；手指过长者，可佩戴两枚重叠形的戒指。但要注意，如果戴两个戒指，要在左手连着带或者左右手对称戴。

图1-1-5

（二）项链佩戴原则

戴项链时，要与服装、颈部和肤色相协调。脖子较粗的人应该选择较细的项链，脖子较细的人应该选择较粗的项链。

（三）手镯佩戴原则

在通常情况下，手镯应该佩戴一条并且佩戴于左手腕上。一般来讲，手镯与手表不得戴在同一只手上。手镯戴在右手腕表示佩戴者自由而不受约束，佩戴在左手腕表示佩戴者已婚。

（四）胸花佩戴原则

胸花可别在胸前，也可别在领口、襟口等位置。长脸宜佩戴圆形的胸针，圆脸宜佩戴长方形胸针，方脸宜佩戴圆形胸针。胸针的佩戴应该根据服装的色彩、款式来选择。

实训要求

1. 百变大咖秀：请你为以下角色设计职业形象。

（1）空中乘务

（2）酒店大厅经理

（3）导游

（4）旅行社前台服务人员

（5）会展策划师

（6）会展设计师

（7）市场推广专员

2. 化妆比赛：组织一次女士化妆比赛，由男同学作为评委并选出优胜者。组织一次男士化妆比赛，由女同学作为评委并选出优胜者。妆容分为职业妆、新娘（郎）妆、晚宴妆、创意妆等。

拓展提升

1. 香水的密码

香水应该涂在哪里？你适合用哪一款香水？正确使用香水，将使你的商务形象得到瞬间提升。

2. 不同脸型，不同妆容

对于不同的脸型，应采用不同的化妆手法。你是属于哪种脸型，椭圆脸型、长脸型、圆形脸型、方形脸型、三角脸型、倒三角型？根据你的脸型设计妆容，将为你带来神奇的效果。

扫描二维码登录了解香水的使用技巧

扫描二维码登录了解不同脸型的化妆技巧

任务2 电话

案例导入

— 电话惹的祸 —

小李是一名本科毕业生，在某公司做一名实习员工，被安排到了电话咨询中心上班。到了这个岗位，小李感到非常的郁闷，因为他觉得一个大学生被安排到这个岗位是大材小用，心想，谁不会接电话啊？

带着这种心情，小李接到了第一个外来电话。电话铃响起，小李马上就拿起电话，但是没拿好电话就断了，部门经理批评了他。第二个电话，别人打错了，小李一听拨错了就说："找谁啊？你打错了！"然后"啪"地挂断了电话，这时正好领导过来巡查，把小李当场批评了一顿。小李更郁闷了，一个简单的电话接听工作，想做好咋这么难呢？

— HR的电话面试 —

某同学："喂。"

HR："喂，您好，请问是×同学吗？"

某同学："你是谁啊？"

（HR面露不悦）

HR："我是×公司的，请问您参加了我们公司的招聘吗？"

某同学："哪个公司？"

（HR心想肯定是撒大网了）

HR："我们把您的面试时间安排在了明天的×××，地点在×××。"

某同学："等等，我找一下笔……你说你们是什么公司？"

（HR感到没有受到足够的尊重，在简历上做了记录）

讨论 使用电话是一门学问，反思一下你是否会打电话。

① 接听电话前要做什么准备？

② 接听电话的最佳时机是响几声？

③ 电话双方应由谁先挂断电话？

④ 你想知道对方是谁，应怎么询问？

⑤ 你会群发短信吗？

扫描二维码登录观看金正昆谈电话礼仪

知识链接

一、电话礼仪

电话被现代人公认为便利的通信工具，包括座机、移动手机、商务话机等。商务活动中，使用电话洽谈业务非常普遍，客户往往会通过电话判断公司是否值得信赖。可以说使用电话是一门学问、一门艺术。

（一）接听电话前

1．准备记录工具

如果大家没有准备好记录工具，那么当对方需要留言时，就不得不要求对方稍等一下。让客户等待，是很不礼貌的行为。所以，在接听电话前，要准备好记录工具，例如笔和纸等。如图1-2-1。

2．停止一切不必要的动作

不要让对方感觉到你在处理一些与接听电话无关的事情，对方会感到你心不在焉。这是不礼貌的表现。如图1-2-2。

3．使用正确的姿势

如果你姿势不正确，不小心电话会从你手中滑下来或掉在地上，发出刺耳的声音，也会令对方感到不满意。

打电话过程中绝对不能出现吸烟、喝茶、吃零食等行为，即使是懒散的姿势，对方也能够“听”得出来。如果你打电话的时候，弯着腰躺在椅子上，对方听你的声音就是懒散无精打采的；若坐姿端正，所发出的声音也会亲切悦耳，充满活力。因此接打电话时，即使看不见对方也要视对方在眼前，尽可能注意自己的姿态。如图1–2–3。

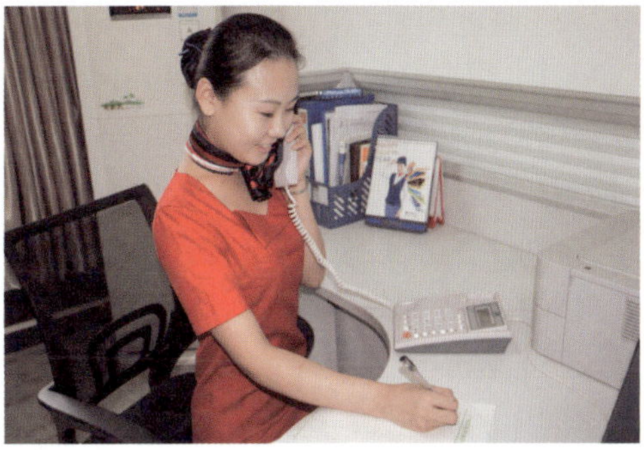

图1–2–1

4. 带着微笑迅速接听电话

让对方能在电话中感受到你的热情。接听电话时要保持良好的心情，即使对方看不见你，但是也会被你欢快的语调所感染，容易留下极佳的印象。面部表情会影响声音的变化，所以即使是在电话中，也要抱着“对方看着我”的心态去接听。如图1–2–4。

图1–2–2

（二）接听电话

1. 接电话

三声之内接起电话，这是星级酒店接听电话的硬性要求。电话铃声响声大约在3秒钟为宜，若长时间无人接电话，或让对方久等是不礼貌的行为。即便座机电话离自己很远，而附近又没有其他人时，听到电话铃声后，应该用最快的速度拿起听筒，这样的态度每个人都应该具备。如果电话铃响了五声才拿起话筒，应该先向对方道歉，若电话响了许久，接起电话只是“喂”了一声，对方会十分不满，容易留下不好的印象。

图1–2–3

图1–2–4

2. 听电话

（1）注意接听电话的语气和语调，让对方感觉到你的心情和微笑指数。当我们打电话给某人时，若一接通，就能听到对方亲切、优美的招呼声，心里一定会很愉快，双方对话就能顺利展开，并对对方留下较好的印象。在电话中只要稍微注意一下自己的语气就会给对方留下完全不同的印象。同样说“你好，这里是××公司”，但声音清晰、悦耳、吐字清脆与否，给对方留下的印象是完全不一样的。因此，接听电话时，应有“我代表企业形象”的公关意识。如图1–2–5。

图1–2–5

（2）注意语调、语速。

（3）注意接听电话的措辞，绝对不能用任何不礼貌的语言来使对方感到不受欢迎或态度不友好等。

（4）注意双方接听电话的环境。

（5）注意当电话线路发生故障时，必须向对方确认原因。

（6）注意打电话双方的态度。

（7）当对方的谈话过长或问题过于尖锐时，要委婉地进行暗示，提醒对方，切莫直接告知。比如有客户询问公司重要的商业机密，若直接回答：“我们有规定，这些属于商业秘密不能外传。”有可能导致客户流失，引起不必要的不快。

3. 主动问候

介绍自己的基本情况，如工作单位、部门、职务等。问候语加上单位、部门的名称以及个人姓名的方式显得最为正式。问候语加上单位、部门的名称，此种方式比较适用于一般场合；问候语直接加上本人姓名，仅适用于普通的人际交往。

需要注意的是，不允许接电话时以“喂喂”或“你找谁呀”作为“见面礼”。特别要注意的是，尽量避免开口就不断地问人家“你找谁”、“你是谁”或者“有什么事儿呀”等，这样会使客户反感。

如果想知道对方是谁，不要唐突地问“你是谁”，可以说“请问您是哪位”或者可以礼貌地问，“对不起，可以知道应如何称呼您吗？”

4. 做好记录

上班时间打来的电话几乎都与工作有关，接到的每个电话都十分重要，不可敷衍，即使对方要找的人不在，也切忌只说“不在”就把电话挂了。接电话时也要尽可能地问清事由，避免误事；应委婉地了解对方来电的目的，即便自己无法处理，也应认真记录下来。这样做，不但可以不误事而且会赢得对方的好感。

随时牢记5W1H技巧。所谓5W1H是指：When（何时）、Who（何人）、Where（何地）、What（何事）、Why（为什么）和How（如何进行）。电话记录既要简洁又要完备，这有赖于5W1H技巧的实践操作。

对方需要帮助时，服务人员应尽力去帮助客户。对于每一个电话都需做到以下事情：

① 问候；
② 道歉；
③ 留言；
④ 转告；
⑤ 马上帮忙；
⑥ 转接电话；
⑦ 直接回答（解决问题）；
⑧ 回访电话。

需搁置电话让对方等待时，应给予说明，并致歉。每过20秒留意一下对方，向对方了解是否愿意等下去。转接电话要迅速，必须学会自行解决电话问题。如果自己解决不了要转接到正确的分机上，并要让对方知道电话是转给谁的。要经常称呼对方的名字，这样表示对对方尊重。

（三）结束电话

感谢对方来电，并礼貌地结束电话。在电话结束时，应用积极的态度，同时要使用对方的名字来感谢对方。要结束电话交谈时，一般应由打电话的一方提出，然后彼此客气地道别，说一声“再见”或“欢迎下次来电，谢谢”等，然后再挂电话，避免出现自己讲完事情就先挂断电话的行为。

除十分紧要的事情外，一般情况下，晚上十点后尽可能不要给任何人打电话，以免打搅别人休息。

二、手机礼仪

随着手机在工作生活中的日益普及，文明礼貌地使用手机往往在社交和商务场合中越来越受到人们的关注。在国外，如澳大利亚电信的各营业厅就采取了向顾客提供“手机礼节”宣传册的方式，进行手机礼仪宣传。

（一）使用手机应注意场合

在办公区域等公共场合，特别是楼梯、电梯、路口、人行道等地方，不可以旁若无人地使用手机。

在会议中、和别人交谈的时候，最好把手机设置成静音或震动状态，这样既显示出对别人的尊重，又不会打断发话者的思路。

在一些公共场合，比如看电影、听演唱会或公共用餐时使用手机是极其不合适的，如果非得回话，采用静音的方式发送手机短信更为适合。

无论业务多忙，为了自己和其他乘客的安全，在飞机上都不要使用手机。在任何场合，手机在不使用时，最好放在合乎礼仪的常规位置。不要在不使用的时候放在手里或是挂在上衣口袋外。如图1-2-6。

图1-2-6　手机放置的不正确位置

放手机的常规位置有：随身携带的公文包里（这种位置最正规），上衣的内袋里；腰带上的手机套里。开会的时候手机可交给秘书、会务人员等代管，但不要放在桌面上。

（二）手机短信不可掉以轻心

手机短信越来越广泛地使用，使得它成为手机礼仪关注的焦点。在公共场合及会议商务场合中，以及和别人洽谈的时候即使用手机接收短信，也要设置成静音或震动状态。一边和别人说话，一边查看手机短信，也是对别人的不尊重。

在短信的内容选择和编辑上，应和通话文明用语一样重视。因为通过你发的短信，意味着你赞同或至少不否认短信的内容，反映了你的品位和水准。所以不要编辑或转发不健康的短信，特别是一些带有讽刺意味、不健康信息等内容。

（三）手机铃声的设定要文明

由于网络技术的进步与发展，铃声不仅可以从网络上下载，而且变化多样，乐曲、歌声、仿人声、仿动物叫声等应有尽有。年轻人的铃声设定应健康活泼，彰显青春活力，应避免粗俗和低级的铃声，否则在公开场合，你的铃声会引起别人对你品位的质疑。

（四）收发手机短信礼仪

公共场所要保持安静，将短信接收提示音调至静音或震动状态。在与人谈话时不要查看或编发短信。编发短信用语要规范准确、表意清晰。编辑完短信内容后最好留下姓名，以使接收方知晓发送人。不编发有违法违纪或不健康内容的短信，不随意转发不确定的消息。收到不良短信可建议或告诫发送者停止发送。

实训要求

1. 以2～3人为一组，小组之间通过不同场合、不同环境、不同人物，展示拨打电话、接听电话、转接电话、电话留言、结束电话通话的礼仪规范。参考场景如下：

（1）模拟电信公司推销业务

（2）模拟开会期间女友打来电话

（3）模拟房屋中介劝你买房

（4）模拟保险公司业务员推销保险

（5）模拟打错电话且说不清楚的老人

（6）模拟打电话投诉你同事，刚好你同事在场

（7）模拟给客户打电话，打到一半手机没电

（8）模拟正在给客户打电话，旁边又有一部电话声响起

2. 铃声大比拼：通过听铃声判断该铃声是属于哪位同学的。谈谈你选择电话铃声的原因。

拓展提升

1. 电话销售技巧

如何运用电话展开销售？当遇到客户说“我要考虑下”、“不在预算内”、“能否再优惠”时，你应如何应对？

2. 世界各国电话礼仪

你知道吗？美国喜欢静音模式；埃及寒暄5分钟不嫌长；俄罗斯接听不讲话；印度不爱短信爱电话；日本骑自行车不能打电话……

扫描二维码登录学习电话销售技巧

扫描二维码登录了解世界各国的电话礼仪

任务3 信函

案例导入

— 写好商务信函不容易 —

A公司的业务部经理要求新进秘书小张写一份商务信函给B公司，介绍最近公司所开展的业务，希望B公司可以与其合作。

小张为防写错，上网查询准确的商务信函的格式，但却发现格式参差不齐，让小张感到不知所措。

最近公司承接一次国际性大型会议，业务部经理让小张负责联系。由于参会人数较多，小张选用电子邮件的形式与参会人员联系。每次发邮件时，小张为提高效率选择群发功能，回复邮件时选择点直接回复功能，可经常是许多代表不理会他的邮件，小张很疑惑。

扫描二维码登录学习信函的撰写

讨论 ① 商务信函有无固定格式？

② 不知道对方是谁，应怎么称呼？

③ 结尾写什么好？怎么落款？

④ 电子邮件的标题怎么写？

知识链接

一、信函的分类与作用

（一）与销售相关的信函

1. 介绍公司

有利于新创办的企业自我推荐时使用，既可向外界推荐和展示自己的公司，同时可以借此打响知名度。

2. 介绍产品

有利于让购买者清楚地了解到该商品的功能及其特性，同时简洁明了的文体使观看者不会感到烦琐。

与此相关的信函类别有解释信、询问信。

（二）账户信函

在金钱上出现问题时可作为凭据，但特别要注意的是，若在填写时金额处是空白的，就必须要将空白处删去或者划去，否则容易出漏洞。账户信函也方便公司转账。

与此相关的信函类别有委托书、通知、追索。

（三）客户信函

客户信函是一个公司的脸面，可以让收信的机构（公司）在没见面的情况下，了解该公司的总体印象，宣传公司的品牌，无形中加强与客户间的联系，体现了对客户（企业）重视，利于公司的长远发展。

与此相关的信函类别有邀请函、致谢函、道歉函、客户反馈调查信息函。

案例：

租赁商洽函

尊敬的××商厦王××总经理：

您好！我XX超市从四月三日的《南方日报》上得知贵商厦欲出租暂时闲置的二楼楼面，这对我公司来说，是一次难得的好机会。贵商厦处于人口流动密集的商贸黄金地段，后勤物业管理得到了众多合作商家的认可。因此，我公司希望能租用贵（我）商厦二楼开设超市。如蒙同意，回函为盼。

我的联系方式是××××

顺祝商祺!

××超市总经理 张××

×年×月×日

（四）与个人有关的信函

个人信函具有以下特点。

1．针对性强

该信函是以一对一的形式出现的，若是面对客人，可以给客人一种公司极其重视他/她的感觉，并且提升客人对该公司的信任度。

2．使用率高

相对于账户信函等类型，个人类的信函使用率较高。

3．具有一定的隐私要素

若是推荐信、辞职信等，都不可太过张扬。

与此相关的信函类别有邀请函、推荐信、感谢信、辞职信、投诉信、诉求信。

（五）法律方面的信函

此类信函具有一定的法律效力；一般用在重要申明和重要事件上。

与此相关的信函类别有授权信（图1-3-1）、理赔与拒绝函。

授权委托书

兹委托　　　　　先生(女士)代表我出席 ××× 股份有限公司2013年年度第二次临时股东大会，并代为行使表决权。

委托人(签名)：　　　　　身份证号码：

委托人持股数：　　　　　委托人股东账号：

受托人(签名)：　　　　　受托人身份证号码：

受托日期：

图1-3-1　授权委托书

二、信函的内容

写信函时，基本结构需要五个W，分别是who、what、where、when和why。因此，心中常记“五个W，信函绝无漏。”

（一）Who

这封信写给谁，由谁来接收，这是一封成功信函的首要条件。

称谓一般是对收信人、收信单位的称呼或者受文者的尊称。其位置一般在标题或函号的左下方，单独占行，顶格书写，后面用冒号。

书写时会出现的情况：在不知道收件人是谁的时候，可用尊称，在“尊敬的”后加称谓并加冒号，如“尊敬的先生/女士”。

在仅知道收信单位（机构）时，可直接写该单位（机构）的全称，如“××××公司/机构”。

在知道具体称谓与其职位时，可在名字后面添加其职务，如“尊敬的办公室×主任”、“尊敬的财务部×部长”、“尊敬的销售部×经理”等。

（二）What

清楚表达该信函的目的，让收信人清楚知道写信人所要表达的事情是什么。

（三）Where

Where这个要素在商务信函的邀请函与会议信函中是必要条件。若缺少了这个条件，被邀请的人员或者与会人员将无法出席或者无法到达开会地点。

（四）When

时间要素在商务信函中是不可缺少的要素之一，如若缺少了该要素，将会导致被邀请者或者与会人员无法知道参加的准确时间。

（五）Why

该要素可让收信人知道写信人写该信函的原因。所在位置多在正文部分。

三、信函的格式

（一）信封格式（见图1-3-2）

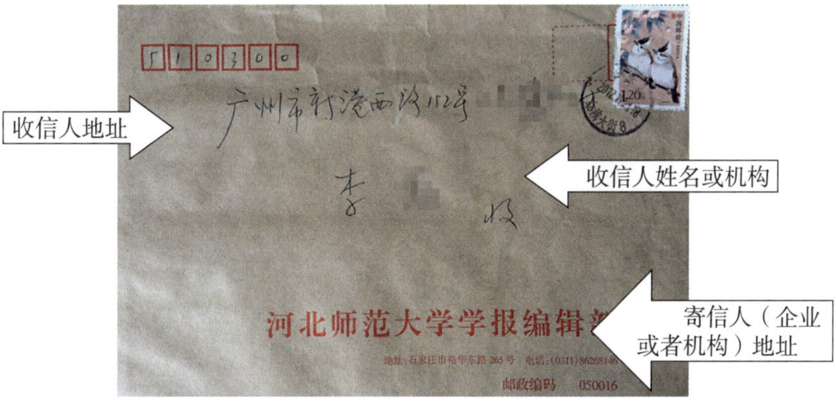

图1-3-2　信封格式

（二）内容模板

例子：　　　　　　　　　　　　请求信

尊敬的领导：　　称谓

正文

我于××年××月份来到美国××市××大学（英文名字）××系自费留学，攻读××学位。至今已在美国度过了××个月，学习和生活基本安定下来，只是一个人在这边生活，时常会感到孤单，很是想念家中亲人，十分希望我的妻子（或丈夫）××同志能来美国探亲。

我的奖学金约是×万×千美元一年，足够负担我二人在这边的生活，望有关领导及单位批准探亲要求。

此致

敬礼！　　祝颂词

写信人的名字或机构

×××

××年××月××日

（三）电子邮件（见图1-3-3）

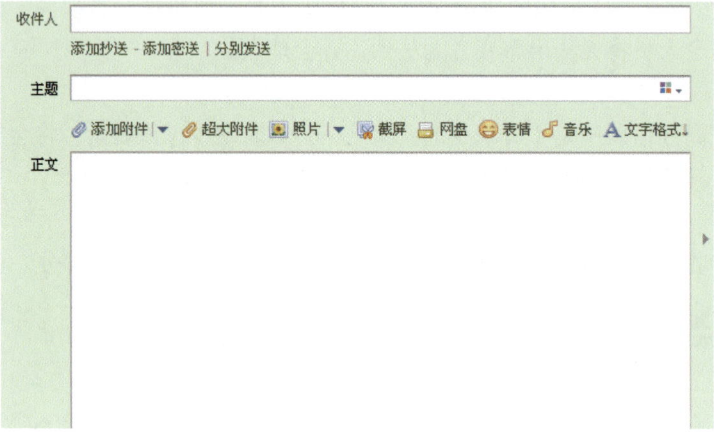

图1-3-3　电子邮件

注意确定收信人；不可长篇大论，若篇幅太长，容易导致收信人误以为该邮件是垃圾邮件；注意发送邮件的时间，确定发送邮件时间准确；内容简洁明了、突出重点。

四、信函的注意事项

（一）语气

要礼貌、温和、友善，这样会让客户感到亲切，进而放下心中的防备，加强与客户之间的沟通。

（二）长度与内容

长度不能过长，内容简洁明了，突出重点，不可长篇大论。否则会让客户心生厌恶，感到疲倦。

（三）展现形式

最好以打印的形式，具有统一性，将给客户留下该公司规范统一的印象，无形中给予客户信心，同时加强客户对公司的信任感。

实训要求

1．根据商务信函的要求，请按规范格式进行设计。

（1）写一封辞职信给主管部门（或领导）

（2）写一份有关工资发放注意事项的通知

（3）为自己写一封求职信

（4）向老客户写一份新春祝福信

（5）向新客户写一份产品推荐信

2．一封信开启一扇门：模拟一次商务招标活动，比赛看谁的邮件能打动客户，促成交易。

拓展提升

1．英语商务信函怎么写？

英语是国际商务交流的通用语言，如何让你的书面英语给别人留下深刻的印象，如何传达询问、请求、道歉、投诉？

2．邮件营销的威力

有的人求职因在邮件中发了一张红桃A的图片，写了一句“我将是您手中的一张好牌”而收获了一份工作；有的人如“史上最牛女秘书”瑞贝卡在电子邮件中咄咄逼人的语气，加上群发若干而丢了EMC（全球最大的网络信息存储商，总部在美国）的工作。一封小小的邮件蕴含大大的力量。如何让你的邮件脱颖而出？

扫描二维码登录学习英语商务信函的写作技巧

扫描二维码登录学习邮件营销策略

任务4 演讲

案例导入

— 失败的演讲 —

丽丽在一次演讲比赛中，因为紧张忘记了演讲的所有内容，一直低头念稿子，没有任何和听众、评委的互动，在穿着上也过分随意。结果她失败了。

讨论 她为何失败了？

① 如何准备一次演讲？

② 什么样的开头最吸引人？

③ 演讲中要用到哪些手势？

④ 怎么在结束时引发共鸣？

扫描二维码登录让《演讲与口才》杂志社主编邵守义教你成为演讲达人

知识链接

一、商务演讲的内容

商务演讲分为很多种类型，典型的有以下几种：欢迎演讲、欢送演讲、答谢演讲、祝贺演讲、总结性演讲。

（一）欢迎演讲

欢迎演讲，也叫作欢迎词，是指活动主办的单位或个人在接待嘉宾或客人时，对于出席的嘉宾和到访的客人表达热烈的欢迎意图而发表的欢迎词。

欢迎演讲一般由标题、称呼、正文、结束语组成。

1．标题

书写“欢迎词”是最为简洁的标题。有的欢迎词会加上该欢迎词所适用的致词场合和所要致词的对象，比如“在某会议的欢迎演讲”或者“××在××的欢迎演讲”。

2．称呼

欢迎词所欢迎的对象的称谓，其中包括主要嘉宾和一些其他人员。一般要加上尊称和职务、职称、头衔等，例如“尊敬的杨局长”、“敬爱的社长女士”等。但是如果所要致欢迎词的对象是群体，则要根据具体情况确定，比如“各位尊敬的来宾”、“各位亲爱的朋友”。

3．正文

正文一般有三层含义，首先表示热烈的欢迎并且回顾交往的历史；其次阐释此次活动的意义；最后向对方表示良好的祝愿和衷心的祝福。欢迎词的内容需量身定做，根据不同的欢迎对象和场合进行撰写，不可千篇一律。

4．结束语

结束语要简洁明了并且再次表达清楚该欢迎词的用意。结束语一般是用来再次表示致辞者对嘉宾和其他人员的欢迎和祝愿，并且用来预祝来宾来此做客愉快。

（二）欢送演讲

欢送演讲是指嘉宾和其他客人应邀前来参加会议、或者参观访问及一些重大的庆典活动，在一系列活动结束时本次会议主办者或者活动主办者为了表达对嘉宾的欢送和感谢之意所进行的讲话，也称为欢送辞。欢送演讲词的作用是让嘉宾感到受到重视，增加彼此之间的友谊。

欢送演讲一般由标题、称谓、正文和落款组成。

标题的写法类似欢迎演讲。正文一般由开头、中段和结尾三个部分组成。

开头用来说明欢送仪式上该活动发言人以何种身份向前来参加活动的嘉宾表示感谢和欢送。

中段部分回顾主办者和嘉宾双方在以前或当下的合作交往过程，以及共同取得的优秀成果和业绩。对于其中一些具有重要意义的事件可详加阐述。如果为自己的亲朋好友送行，在此基础上可以添加一些对其勉励和表示双方之间友谊的话。

结尾部分主办方一般会再次向尊敬的来宾和其他人员表示感谢和真诚的欢送之情，并对即将远行的亲朋好友表达依依惜别之情。

欢送演讲辞是一种临别的赠言，主旨是表示一种依依惜别之情，所以在书写时一定要做到以诚感人，用带有感情色彩的词语或者语言，让被送者感受到真切的温暖。然而欢送演讲者要根据自身和对方的关系，以及自己的身份、地位，注意演讲和其他的礼节，合理地运用词语，营造一个十分友好和亲切的欢送氛围。

（三）答谢演讲

答谢演讲是指在获得荣誉、嘉奖的场合，或者是取得成功受到祝贺的时候，受到祝贺的对象做答谢性演讲，也叫答谢辞。

答谢辞的重点在于“感谢”两个字，与此同时也要对自己的事迹作出适当性的评价。对别人的感谢和对自己的评价这两项内容是答谢词的主体内容。

应当注意客观地进行自我肯定和评价成绩，自信不能自我，对本身存在的不足要指出来，表示会去改正。同时一定要强调感谢之情，指出获得的荣誉或者成功的种种原因是因为得到自身以外他人的支持与帮助，为此表示真诚感谢。感谢他人的时候感情一定要真挚、坦诚和热烈。对于各界各方给予的支持，应不厌其烦地进行一一致谢，切忌漏谢。答谢词因不同的场合而不同，写法可以活泼也可以庄重；篇幅不宜过长，语言力求生动、简洁、得体。

（四）祝贺演讲

祝贺演讲是指用来针对党政机关、企业事业单位、社会团体、合作伙伴等即将开始的工作事件，表示真挚祝福的言辞、文章等，也称为祝词（祝辞）。

根据不同的祝福对象，可划分为以下几类：恭祝事业、寿诞祝辞、祝酒辞等。祝贺演讲辞要诚心诚意，让对方感受到温暖和愉快，并且起到鼓舞士气的作用。

祝贺演讲一般由标题、称呼、正文、落款组成。

1．标题

标题由致辞的场合、致辞人和文种三个因素组成。也可以酌情进行简化。比如“某书记在某公司开业庆典上的祝辞”、“五一集体婚礼贺词”。

2．称呼

要注意传递热情和友好，可以添加头衔或者使用表示亲切及尊重的一些词语。

3．正文

正文包括三个部分，首先向祝贺对象致意；其次评价祝贺对象已取得的成绩；最后展望祝贺对象未来的美好前景并再次表示自己衷心的祝贺。

4．落款

在演讲祝贺辞的末尾署上祝贺单位的名称，以及祝贺演讲辞、致辞人的姓名、日期。

祝贺演讲辞要求充满热情、喜悦、鼓励和褒扬之意，关键是要向对方传递出真诚的祝贺，故颂扬要恰如其分，过分的赞美会变成谄媚。

（五）总结性演讲

总结性演讲也叫总结辞。主要从结果与过程两方面进行概述。总结辞可以是总结个人或本单位的工作绩效。既要看到成绩又要承认不足。

致总结辞时应注意以下几点：应进行全方位的总结；必须要从总结中吸取经验和教训；要展望未来，作出规划。

二、商务演讲的注意事项

1. 就座

演讲者走到座位前时，不应马上坐下，而应主动地请大会的主席和陪同人员入座。对方肯定会礼貌地请演讲者入座，双方稍事相让，即可入座。为表示尊重，要坐正，坐稳。

2. 介绍

当主持人介绍演讲者的时候，演讲者应起身直立，向主持人点头致意，并且向听众鼓掌或者点头。

3. 登台

正式登上演讲台的时候，演讲者应该先向主持人点头致谢，然后从容稳健，充满自信地走上演讲台，再郑重、诚恳地向听众鞠躬或者敬礼。一般场合下，演讲者应面带微笑地走上讲台，目光环视全场，如图1-4-1。

4. 开场白

开场白设计，需要注意以下几点。

（1）预告精彩内容　可以提前把提纲概要、精彩要点介绍给听众，让听众在脑海中构建一个总体架构。

（2）即兴发挥　根据现场气氛即兴发挥，通过与现场一系列互动，使听众慢慢放松并且专心聆听演讲。即兴发挥的语言通常要幽默。

（3）引发好奇心　向听众提出几个与演讲中心思想相关的小问题，这样可以把演讲者和听众带入到一个共通的思维空间内。演讲者也可以通过讲解几个小故事或者巧妙运用设问句达到这一目的。

（4）积极与听众建立友好关系　演讲者可以告诉听众你将要进行的演讲与他们之间的关系，可能产生的一切有利于他们的效益，让听众坚信会从你的演讲中收益颇丰。

5. 称谓

对听众的称呼划分为两种：泛称和类称。泛称是指具有较大的广泛性，能普遍使用的称呼，比如“同志们”“同胞们”“朋友们”等；类称是指具体的适用于某一类别的称呼，比如“领导们”“同学们”“战友们”等。

6. 过程

演讲者声音一定要十分响亮。音量的大小，需根据会场的大小和听众的多少而定，一定要把握好度。既不可以过高，也不要过低。过高容易失去自然的亲切感，过低会使会场内出现不应有的紊乱。与此同时，应当注意演讲的语调，要抑扬顿挫，这样才能调动听众的情绪。演讲过程中，语言应准确、鲜明、生动。内容要充实，避免长篇大论。

图1-4-1　演讲者上台

演讲者在做演讲时要保持挺拔站立姿态，尊重听众，不要埋头念稿子，要灵活掌控和调节会场气氛。

演讲者需灵活运用环视法、点视法、虚视法等眼神技巧。环视法与点视法使用的是实眼，虚视法使用的是虚眼。实眼与虚眼交替使用，贯穿始终。良好的眼神运用可以增加个人在演讲中的魅力指数。如图1-4-2。

图1-4-2　演讲者演讲

7. 结尾

一般可用总结全篇式、号召式、引用名言式、重申重点式等方式进行收尾。但不管用哪一种形式，都要遵循两个原则：一是适可而止；二是留下空间。聪明的演讲者不会一次性说完他所有的观点，要留一定的思考空间给听众，这样才能让听众感到意犹未尽。

8. 离场

演讲结束时，应该面带微笑说一声“谢谢”或“我的演讲结束了，谢谢大家”等。先向听众鞠躬或敬礼，再向主持人致意，再从容不迫地回到原座。坐下后，如大会主席和听众以掌声向演讲者表示感谢，演讲者应立即起立，面向观众，点头敬礼，以示回谢。

结束后，主持人或单位负责人陪同演讲者走出会场时，听众常常会出于礼节而鼓掌欢送。这时，演讲者更应谦虚谨慎，面带微笑，自然得体地用鼓掌或招手和频频点头的方式向听众表示诚挚的谢意，直到走出会场为止。

实训要求

1. 模拟新品发布会现场，组织一次商务演讲，要求主题突出，形式新颖，注意着装、手势、站姿、声音等。

2. 谈谈你欣赏的演讲高手，或是给你印象最深的一场演讲。

拓展提升

1. 乔布斯的魔力演讲

苹果公司创始人乔布斯是杰出的演讲者，他善于构造紧张气氛，幻灯片制作异常精美，注重用户体验，点燃现场激情，从他的演讲中，你会收获颇多。

2. 如何克服演讲恐惧?

每次演讲时，你是否会感到焦虑不安，甚至会有肠胃不适和恐惧感?

扫描二维码登录学习如何帮助你克服演讲恐惧

扫描二维码登录延伸阅读卡迈恩·加洛《乔布斯的魔力演讲：怎样让你的演讲在所有场合都精彩绝伦》

任务5 迎送

案例导入

—到手的生意飞走了—

李某是某公司的公共经理，平时就比较懒散，不注意自己的形象，太过随意。一次去机场接前来签订合同的某公司王经理，结果睡过了头，让王经理在机场等了好长时间。在到机场的路上，李某匆匆吃了薯条，手上沾满了番茄酱，与王经理握手时，王经理看到眼前身穿牛仔裤和T恤衫，手上污浊不堪的李某面露不悦。公司准备的车一来，李某自己先上了车。等王经理一上车，李某就开始跟他聊娱乐新闻，王经理本想谈谈合同细节，被李某多次打断。到了公司，电梯人多，李某自己先进去，王经理差点被关在电梯门外。进入会议室之后，李某像平时一样招呼了一声就自己坐在沙发上，这让王经理失望至极，决定中断合作。

讨论 ① 为什么这次合作会失败？

② 如何让客户第一时间找到前来接站的主方人员？

③ 客方还是主方先握手？

④ 女士怎样优雅地上下车？

⑤ 乘坐电梯时，谁按开关键？

⑥ 欢送客户需要送礼物吗？

扫描二维码登录学习迎送礼仪

知识链接

不管在日常生活中还是在正式场合，迎送礼仪都十分重要，它既显示一个人的内涵修养，又有助于树立所在单位的良好形象。

一、迎接礼仪

儒雅得体的迎接礼仪，是给客户留下的第一印象。

（一）迎接的准备

工作人员在客户到来之前，要了解客户的基本情况和日程，包括客户有无特殊的习惯或者比较忌讳的事情，以免一个不经意的小细节给客户留下不好的印象。

接站需要提前到达迎接位置，可以使用接站牌（忌不整洁、字小不清晰），也可以使用显示身份的物品（胸卡即可）来确认客户。

要注意服饰得体，最好不要佩戴太过夸张的饰物，忌浓妆，以免给客户留下不稳重的印象，必要时可以统一着装。

（二）握手

图1-5-1　握手

握手礼、拱手礼、鞠躬礼、亲吻礼、拥抱礼、合十礼等这几种都是表达尊重欢迎的方式。但是要根据具体环境和客人身份情况酌情把握好使用礼节。

握手的时候要出手自然并且干脆，不要突然把伸直、僵硬的胳膊伸出来；要面带微笑，注视对方的眼睛，神情要专注、热情、友好、自然、大方；要有适当的问候。行握手礼时要起身站立，以表示对对方的尊重。握手时力度不要太重，也不要太轻。握对方四个手指的指根，握好后上下颤动两下就好。不要用力握，力度适中就可以。握手时双方间距在1米左右，太近手臂会伸不直，姿势也不雅观，距离太远，会让人觉得不受尊重。

握手礼的顺序是职位、身份高的人与职位、身份低的人握手，职位高的人先出手。女士与男士握手，女士先伸手。已婚者与未婚者握手，由已婚者先伸手。长辈与晚辈握手，由长辈先伸手。社交场合先到的人与后到的人握手，先到的人先伸手。客人要离开时，客人先伸手与主人相握。

握手的时候不要三心二意，另一只手不要拿东西，也不要插在衣服口袋里。握手时，女士可以在社交场合戴薄纱手套，但男士在任何时候都不能戴手套。除眼睛患有疾病或是有缺陷外，在握手时不可以戴着墨镜。如图1-5-1。

不要拒绝与别人握手，也不要双手与异性握手。握手时不可以只握对方的手指尖，也不要用脏手与别人握手。不要握着不放，也不要抖个不停。不要同时跟两个人握手，要按顺序依次握手。

在握手时，如果现场有很多人，不要只和一个人握手而对其他人视而不见，如果要跟许多人握手，要待别人握完再伸手，不要抢着伸手。在别人伸出手要握手时要迅速出手，不要让对方等太久。

要用平等、友善、热情、诚恳的心对待客户。传统礼仪是客户在约定时间里到达，主方需出门迎接，同时微笑，主动问候。主方伸出右手（忌左手）与客户握手，表示尊重与欢迎。如果客户有重的或者大件物品，主方应主动帮助接过来。

接待客户时，不要斜视对方，目光中不要有意无意流露出蔑视或敌意。目光神情尽量柔和，始终表现友善的微笑，言语也应平和热情。要将热情、周到的服务传达给客户，拉进与客户之间的感情。接待来宾时，不要使用对方不懂的语言或话语。态度冷漠、准备不周、言语失态、身份混淆、过分服务这些都会给公司及个人带来负面影响。周到的服务应是热情，大方，分寸合适，使客人不会感到有冷漠感。

除此之外还包括引领礼仪与服务礼仪。需站在客户的斜前方将客户带领到与会地点，在此要观察客户的步伐，不时的给予提示（见图1-5-2）。需要在与会地点准备好茶水（茶杯、茶壶一定要干净无异物），询问客户的饮品喜好。倒的茶水不宜太满。与客户在谈话中，还需适时的配合点头或者给予客户回应，要表现得友好。若客户在说，就尽量不要抢话或是打断，若是自己在说，要切入重点，但也不要不给客户与你交流的机会。若客户给予了名片，应该大方地接住并以自己的名片做回应。最后征求客户意见，合理安排客户的活动与返程。

（三）乘车礼仪

在迎接位置接到客户之后，如果不是直接会客的地点，主方就应该派车来迎接，而且主方要主动地帮忙开车门让客户上车（通常以第一辆车为主）。座位的安排也是有礼仪讲究的，视身份的不同和车的类型不同有不同的安排方式。

上下车基本礼仪原则是“方便贵宾，突出贵宾”。一般让贵宾和客人先上，自己后上。而下车时，主方先下，贵宾和客人后下。上车时，为贵宾和客人打开车门的同时，左手固定车门，右手护住车门的上沿（左侧下车相反），防止客人或贵宾碰到头部，确认贵宾和客人身体安全进车后轻轻关上车门。下车时，方法相同。如果很多人坐一辆车，那么谁最方便下车谁先下车。无论是先上后上，还是先下后下，都要遵循“方便贵宾、突出贵宾”的原则。如图1-5-3。

女士上车时姿势要优雅，最好以“背入式”，也就是说身体背向车厢进入，坐好后再将双腿同时缩回，若是穿裙子，则要在关门前把裙子弄好。准备下车时应将身体尽量移近车门，然后再将身体重心移到另一只脚上。若是穿短裙则应将两只脚同时踏出车外，再将身体移出，切不可双脚一前一后下车。如图1-5-4。

男士下车时，坐在左侧是先由左脚踏出车外至地面踩稳，右手扶着前座椅背，左手轻扶车门边缘以支撑身体。如图1-5-5。

在乘坐的同时要主动与客户交谈，举止不要过于随便或拘谨，可以介绍一下当地的特色美食、风土人情等内容，让客户有一个轻松愉悦的心情。

（四）乘电梯礼仪

1. 电扶梯

在乘扶梯时，因通道较窄，不要拥挤，要按

图1-5-2　引领动作示范

图1-5-3　女士下车示范

图1-5-4　女士上车示范

图1-5-5　男士下车示范

顺序乘梯。最好正面朝向电梯移动方向。自觉用手扶好扶梯，一旦发生意外，这样能起到保护自己的作用。在电扶梯的中间部分，通常都会有一条黄线，应站在黄线右侧，要是有紧急事情发生，把左侧通道让给有急事的人先行。如果两人以上同行，尽量不要并排站立，这样以免将整个走道堵住，使有急事的乘客无法通行。如图1-5-6。

图1-5-6 乘扶梯示范

2. 乘升降梯

随客人、领导、嘉宾一起乘电梯，主方要先按电梯按钮，并且若客人、领导、嘉宾不止一人，最好自己先上电梯，然后一直按着“开门”按钮，直至客人、领导、嘉宾都上了电梯（图1-5-7）。

图1-5-7 上电梯示范

电梯到达时应让贵宾先下，并且自己应按着“开门”按钮（图1-5-8）。

电梯不可超负荷载人，不可一拥而进。进入电梯内，最好面向电梯门站立。不要东张西望或大声说话。

依照国际礼仪来说，在公共场合，男士应主动礼让女士。在进入电梯时，男士应该为女士主动按电梯门、按电梯按钮，让女士先进入。被礼让的女士不要太过于谦虚。

图1-5-8 出电梯示范

二、欢送礼仪

不仅迎接礼仪很重要，欢送礼仪也是非常重要的。如果只是迎接礼仪做得好，而疏忽欢送礼仪的重要性也是不可取的。下面是欢送礼仪的注意事项。

（一）亲切挽留

主方不能主动提出送客离开，当客户提出离开时，应做热情的挽留，在客户起身后主方才起身相送。

（二）热情相送

主方帮忙办理好手续，安排好送行的车辆，并致告别辞。

（三）短暂话别

主方表达对合作非常满意，并表示欢迎再次光临与合作，也可以送一些小纪念品。

（四）目送离开

等客户上车之后，车离开视野后主人再自行离开（忌车一开人就走）。

实训要求

1．某旅行社全程陪同黄导游带领一个16人的团队到香港、澳门旅游，请自行设计接团和送团的情节，进行情境演示。

2．4人为一组，其中3人扮演客户，另1人扮演公司工作人员，模拟接站、握手、上下车、进出电梯、送站场景。

拓展提升

1．职场握手礼

在职场中，和同事、客户见面经常会握手，但你的握手方法对吗？

2．初次见面寒暄的20个技巧

初次和客户见面，难免尴尬，如何快速打开局面，拉近和客户的距离？

扫描二维码登录进一步了解职场握手礼

扫描二维码登录掌握见面寒暄的20个技巧

任务6 称呼

案例导入

— 熟人不熟？ —

小李作为一名企业代表参加重要的交流会议，在去参加这次会议的途中碰到了合作伙伴张总，小李在老远就看到了并大喊：“嘿！老张，你也来了。”张总很不高兴，当时就决定再也不与小李合作了。

讨论 ① 小李这样的招呼方式是否合适？

② 不知道对方姓氏，如何称呼？

③ 北方、南方在称呼上有无差异？

④ 同一时间内对多名人士如何称呼？

扫描二维码登录学习称呼礼仪

知识链接

一、常见的几种称呼方式

称呼指人们在日常交往应酬中，所采用的彼此之间的称谓语。选择正确的、适当的称呼，不仅体现出自身的修养，还可以帮你促成一笔交易，因此对它不能忽视大意、随便乱用。

（一）姓氏称呼

姓名，即一个人的姓氏和名字。姓名称谓是使用比较普遍的一种称呼形式。用法大致有以下几种情况。

1．全姓名称谓

即直呼其姓和名。如“李大波”、“刘建业”等。全姓名称谓有一种庄严感、严肃感，一般用于学校、部队或其他正式场合。但在人们的日常交往中，指名道姓地称呼对方是不礼貌的，甚至是粗鲁的。

2．名字称谓

即省去姓氏，只呼其名字。如“大波”、“建业”等。这样称呼显得既礼貌又亲切，运用场合比较广泛。

3．姓氏加修饰称谓

即在姓之前加一修饰字。如“老李”、“小刘”、“大陈”等。这种称呼亲切、真挚。一般用于工作、生活中相互比较熟悉的同事之间。

（二）地域性称呼（用于非正式场合）

在中国，东西南北地域不同，称呼就有很大的差异性。比如北方人习惯称呼成年女性为“大姐”，男性为“大哥”；而南方人习惯称呼为“小姐”、“女士”和“先生”。再如北京人喜欢称呼“师傅”，如“李师傅”、“张师傅”，听起来很是亲切，山东人爱称人为“伙计”。但在南方沿海一带，“师傅”等于“出家人”，“伙计”是“打工仔”。

有的地方根据结婚与否情况都习惯性的称呼为“对象”，称呼自己老婆为“孩子他妈、老婆、夫人、爱人、家里的、屋里的、炕上的、娃他娘”等。但在西方人眼中，“爱人”是第三者的意思。

（三）“小”、“老”姓氏的称呼（用于非正式场合）

在中国，人们习惯在很熟悉的年长的男性朋友的姓氏前加一个“老”，如“老李”、“老张”。对青年男女都会加一个“小”，如“小张”、“小王”。但在正式场合，不要使用生活中随口的称谓，这样极易造成不尊重和不够稳重严谨的感觉，特别是对学识、身份、地位很高的专家、学者，我们称呼“老李”就不合适了。

（四）特殊职业的称呼

对律师、医生、法官、老师这些社会地位较高、受人尊敬的职业，可以用“姓氏+职位”的称呼。例如“李律师”、“杨教授”、“刘医生”。对军人，可以用“姓氏+军衔”的称呼，如“陈将军”。也可用“军衔+先生”称呼，如“少将先生”。还可以直呼其军衔，如“上尉”、“将军”。对政界人士的称呼，可以用“姓氏（或姓名）+行政职务”的方式，如“李处长”、“陈科长”。

（五）在一些公共场所不清楚对方姓名，但知道职位时的称呼

在这种特殊情况下，就用“职务+小姐、先生”来称呼，如“司机先生”、“导游小姐”、“护士小姐”；或者直接称呼职位即可，如“列车长”、“售票员”、“乘务员”等。

（六）不清楚对方姓名、职业、职务、年龄、婚否时的称呼

这种情况，直接用“先生”“女士”来称呼，是不会出错的。不要直接用“小姐”来称呼一位女士。

（七）正式场合的称呼（例如会议、酒店等一系列大型社交场所）

正式场合、书面文稿、会议、一些严肃工作场合等，用“同志”非常适当，但在同事之间、相识但又不很熟悉的人之间、非正式场合，就未必全能适应了。

常见的称呼方法是职务性称呼，以职务相称，以示职务有别、敬意有加。如“经理”、“部长”、“主任”等，也可在职务之前加姓氏。

二、称呼的注意事项

在实际工作中，我们往往需要在同一时间内对多名人士同时加以称呼。在这种情况下，既要注意在称呼对方时面面俱到，更要注意在称呼对方时有主有次。所谓有主有次，指的是在需要同时称呼多名人士时，一定要首先分清主次，然后再由主至次，依次而行。

在实际操作中，标准做法有下列四种。

（一）由尊而卑

称呼多名人士时，可以自地位较高者开始，自高而低，依顺序进行。

（二）由疏而亲

若被称呼的多名人士与自己存在亲疏之别，为了避免产生误会或不愉快，应当首先称呼其中与自己关系较生疏者，然后再称呼其中与自己关系较亲近者。

（三）由近而远

有时不便细分多名被称呼者的尊卑、亲疏，那么则不妨以对方距离自己的远近来进行，即先称呼距离自己最近者，然后依次称呼距离自己较远者。

（四）统一称呼

在某些特殊情况下，对多名被称呼者不必一一称呼或者不便一一称呼时，则可采用统一称呼对方的方式。例如以“诸位”、“大家”、“各位来宾”、“女士们、先生们”等方式直接称呼对方。

正式场合称呼时注意不用过时的称呼。例如在法国大革命时期彼此互称“公民”，而在中国古代，则习惯性的称呼为“老爷”或“大人”等。不用生活化、口语化的称呼。兄弟、哥（姐）们儿、死党、磁器等，这些听起来过于随和、生活化。不要用绰号作为称呼。罗锅、肥肥、傻大个、北极熊、拐子等，这样称谓适合亲密无间的同学、朋友之间，但是在商务场合中不太合适。称呼客户切忌无称呼、替代性称呼、不适当的地方性称呼、称兄道弟。

三、国际交往中的称呼礼仪

按照国际惯例，在交际场所，一般称男子为“先生”，称已婚女子为“夫人”，称未婚女子为“小姐”，如无法判断女方婚否，用“小姐”比贸然称之为“太太”更安全。

在外交场合，为了表示对女性的尊重，可以将女性称为“女士”。这些称呼均可冠以姓名、职称、头衔等，如“市长先生”、“史密斯夫人”等。对部长以上的高级官员，一般可称“阁下”；对军人一般称军衔加先生，知道姓名的可冠以姓名；对知识界人士，可以直接称呼其职称，或在职称前冠以姓氏，但称呼其学位时，除博士外，其他学位（如学士、硕士）不能作为称谓来用。

中国人尊老习俗是优良传统美德，不能直接称呼父母名字，但在欧美等国家，讲究人与人的平等，孩子叫爸妈、哥哥姐姐的名字很正常。

德国人十分注重礼节、礼貌。初次见面，一定要称其职衔。如果对方是博士，则可以频繁地使用“博士”这个称谓。

同美国人打交道时在称呼上不必拘礼。美国人在非正式场合，不论男女老幼或地位高低，都喜欢直呼对方名字。但在正式场合，如果与对方初识，还是先用正式称谓，等相互熟悉了或对方建议直呼其名时再改变。

日本人习惯用“先生”来称呼国会议员、老师、律师、医生、作家等有身份的人，对其他人则以“桑”相称。在正式场合，除称呼“先生”和“桑”外，还可称其职务，以示庄重。对政府官员要用其职务加上“先生”来称呼。

阿拉伯人对称呼不大计较，一般称“先生”、“女士”即可。但是由于受宗教和社会习俗等方面的影响，同阿拉伯妇女接触时不宜主动与之打招呼，多数情况下可以微笑或点头示意即可。

实训要求

1. 以2～5人为小组，组织一次招商活动，根据角色分工，设定不同的职务，并使用相匹配的称谓，通过情景演练，增强对称谓的理解。

2. 绰号的故事。每个人成长过程中都有绰号，以绰号为主题，组织一次班会，谈谈不同绰号背后的故事。

拓展提升

1. 家里的亲戚，怎么称呼？

中国人由于姻亲而产生的亲戚关系相当庞杂，其派生出的各种称谓是中华文化的一大特征。对父亲的兄嫂、对母亲的姊妹及其丈夫应该怎么称呼？

2. 职场新人该如何称呼前辈？

不同企业，新人对前辈的称呼不尽相同，叫“老师”好，还是叫“哥、姐”好？

扫描二维码登录学习中国人亲戚关系表

扫描二维码登录学习职场新人称呼技巧

任务7 介绍与名片

案例导入

— 失礼导致失败 —

广告公司于总到公共公司拜访该公司的张总裁，公共公司的秘书小赵负责接待，于总与张总裁互不认识，于是秘书小赵先把于总介绍给张总裁，“张总裁，这位是广告公司的于总”，接着再把张总裁介绍给于总，“于总，给您介绍一下，这位是我们公司的张总裁”。结果引起了于总不悦。

于总与张总裁见面之后，主动将名片递上。张总裁看完名片后，将名片放在桌上，继续谈事。过了一会儿，小赵将咖啡端上桌，请两位慢用。张总裁喝了一口，将咖啡杯子放在了名片上，自己没有感觉到，于总却皱起了眉头，生意最终没有谈成。

扫描二维码登录学名片礼仪

讨论 ① 生意为何失败？

② 介绍他人时先介绍长辈还是晚辈，先介绍主人还是客人？

③ 要介绍的人太多时，应该怎么办？

④ 递交名片，用左手还是右手？名片放在哪里合适？

知识链接

介绍是与他人进行沟通、增进了解、建立联系的一种最基本、最常规的方式。最突出的作用就是缩短人与人之间的距离。介绍分以下几种。

一、自我介绍

（一）自我介绍的时机

（1）商务往来又不太确定对方身份情况时。

（2）在社交场合与不认识者相处时。

（3）不相识者对自己很有兴趣时。

（4）在聚会上与身边的人共处时。

（5）他人请求自己做自我介绍时。

（6）介绍陌生人组成的交际圈时。

（7）求助的对象对自己不甚了解，或一无所知时。

（8）前往陌生单位进行业务联系时。

（9）在旅途中与他人不期而遇而又有必要与他人接触时。

（10）初次登门拜访不相识的人时。

（11）利用大众传媒向社会公众进行自我推介、自我宣传时。

（12）利用社交媒介如电话、传真、电子邮件等与其他不相识者进行联络时。

（二）自我介绍的场合

（1）社交场合遇见自己想要结识的人，又找不到适当的人介绍时。

（2）电话约见从未谋面的人时。

（3）演讲、发言前。

（4）求职应聘或参加竞选。

（三）自我介绍的具体形式

（1）应酬式自我介绍　内容最为简洁，往往只包括姓名一项即可，如“您好！我叫李平”。

（2）工作式自我介绍　内容应包括姓名、供职的单位及其部门，担负的职务这三项，通常缺一不可，如“我叫张凯，现在是××市政府外办的商务处主任”。

（3）交流式自我介绍　内容应包括姓名、工作、籍贯、学历、兴趣以及与交往对象的某些熟人的关系等，如“我叫李梅，现在在××航空有限公司工作，我是广州民航学院航服系90级的，我想咱们是校友，对吗？”

（4）礼仪式自我介绍。

（5）问答式自我介绍。

（四）自我介绍的态度

（1）态度要自然，友善，亲切，随和。

（2）自信和坦然。正视对方双眼，眼神不可飘忽不定。

（3）表达真实情感，不冷漠。

（4）语气自然，语速正常，吐字清晰，说普通话。

（5）追求真实。

（6）自我评价掌握分寸。不用“很”、“非常”等极端词。

二、介绍他人

（一）介绍他人的时机

（1）与家人外出，遇见家人不认识的同事或朋友。

（2）本人的接待对象遇见不认识的人。

（3）接待客人或来访者。

（4）推荐某人加入某个交际圈。

（5）陪同上司、来宾时遇见其不相识者。

（6）受到为他人做介绍的邀请。

（7）陪同亲友前去拜访不认识者。

（二）介绍的顺序

（1）地位高者有优先知情权。

（2）先主后客。

（3）先卑后尊。

（4）先幼后长。

（5）先下级后上级。

（三）介绍他人应注意的细节

（1）征求双方意见。

（2）一旦介绍，就要表示欣然接受。

（3）介绍的内容真实详细。

（4）介绍的手势正规。

三、集体介绍

集体介绍是他人介绍的一种特殊形式，是指介绍者在为他人介绍时，被介绍者其中一方或者双方不止一个人。

集体介绍一般按照以下的顺序：在被介绍者双方地方、身份大致相似，但双方人数有明显差别，应先介绍人数少的一方，后介绍人数较多的一方或多数人。如果地位、身份较高者一方人数较少，甚至仅为一人，则应先向其介绍人数多的一方。

若双方人数均多时，双方人数均不止一人，要按位次尊卑进行介绍。先介绍位卑的一方，后介绍位尊的一方；或先介绍主方，后介绍客方。若没有一一介绍的必要，则可采取笼统的方法进行介绍。如“他们都是我的同事”等。

当被介绍人不止两人，而是多方时，应首先确定各方的尊卑，由尊至卑，按顺序介绍各方。如果需要介绍各方的成员，也应按由尊至卑的顺序，依次介绍。

另外，如在会议、比赛、会见、演讲、报告时，可以只将主角介绍给大家，而不需要一一介绍。

集体介绍不要使用易生歧义的简称；不要带有开玩笑、故意作弄人的态度去介绍。

图1-7-1　错误递交名片示范

四、名片礼仪

介绍时，往往会递送名片。递送时，名字正对别人，双手或右手拿住名片角进行交换。接受名片需要起身迎接，表示感谢，回赠名片，接过名片要看，把名片收藏到位。

（一）做好递交前的准备

即在外出时将名片放在容易拿出的地方，以便需要时迅速拿取，一般男士可以将名片放在西装内的口袋或公文包里，女士可将名片置于手提包内。

（二）掌握递交名片的时机

如果是初次见面，相互介绍之后即可递上。若是比较熟识的朋友间，可在告辞的时候递过去。

（三）诚心递交

为表达对对方的尊敬，递名片给他人时，应郑重其事。最好是起身站立，走上前去，使用双手或者右手，特别是下级递给上级、晚辈送给长辈时，更应如此。切勿以左手递交名片，更不要以手指夹着名片给人。如图1-7-1。

递交名片时应面带微笑，口头应有所表示。如图1-7-2。可以说：“今后保持联系”、“我们认识一下吧”，或是先作一下自我介绍。总之，动作要洒脱大方，态度要从容自然，表情要亲切谦恭。

（四）递交禁忌

不要将名片背面面对对方或是颠倒着面对对

图1-7-2　正确递交名片示范

方，应将名片上的姓名顺向对方，以方便对方观看；若对方是少数民族或外宾，则最好将名片上印有对方认得的文字的那一面面对对方。

在交际场合中还需注意的是切忌逢人就发名片，乱发一通，非但达不到交友的目的，反而使名片失去它应有的价值和作用。不随意涂改名片。不提供私宅电话。一般不提供2个以上的头衔，切忌虚夸。

礼貌拒绝他人时，学会使用以下语句："对不起，我忘记带名片了。""抱歉，我的名片用完了"等。

实训要求

1. 某商洽会上，客商云集，你作为广告公司代表带着秘书小李想要拜访几位知名企业的老总。以小组为单位，模拟自我介绍、他人介绍、集体介绍的场景，熟悉介绍的技巧。

2. 模拟客户见面，融入名片礼仪，进行角色扮演。

拓展提升

1. 职场新人如何把自己介绍给新同事？

某位学者曾言每个人都要向孔雀学习，2分钟就让整个世界记住自己的美。职场新人的自我介绍，直接关系到你给别人的第一印象。

2. 方寸创意——86款国外优秀名片设计

名片为方寸艺术，设计精美的名片让人爱不释手，怎样才能在造型、色彩上吸引别人的眼球，最大程度发挥功效，请欣赏国外优秀名片设计。

扫描二维码登录学习如何把自己介绍给新同事

扫描二维码登录欣赏优秀名片设计

任务8 座次与合影

案例导入

— 座次安排的学问 —

公司准备召开产品订货会。总经理要求秘书张博拿出座位分布图座次安排表以及合影安排给他审核。会场座次安排和合影是会议筹备中的一项重要工作。他把职位最高的领导放在中间，然后按左为尊的原则把其他的嘉宾依次排列，对于这样的安排经理很生气。

接着张博与其他两名经理，搭乘由公司总经理驾驶的轿车去开订货会，他先上车并坐在副驾驶座上，随行两名经理，坐在后面的位置上，结果回来后，他又被批评了。

讨论 ① 张博的安排有什么问题？

② 2号领导坐在主要领导的左边还是右边？

③ 主持人座位如何安排？

④ 轿车里哪个位置是尊位？

⑤ 合影时主方居左还是居右？

扫描二维码登录学习座次安排技巧

知识链接

座次安排和合影主要包括座次的排列、座位上的装饰、合影时的站位和座位。

一、座次安排的注意事项

1. 主席台的座次安排

（1）国内会议主席台的座次安排　按照职务的高低和选举的结果安排座次，职务最高者居中，按先左后右（以主席台的朝向为准）、前高后低的顺序依次排列。

主席台座次排列，领导为单数时，主要领导居中，2号领导在1号领导左手位置，3号领导在1号领导右手位置（图1–8–1）。

5	3	1	2	4

观众席

图1–8–1　主席台座次排列（一）

领导为偶数时，1、2号领导同时居中，2号领导依然在1号领导左手位置，3号领导依然在1号领导右手位置（图1–8–2）。

5	3	1	2	4	6

观众席

图1–8–2　主席台座次排列（二）

（2）国际性会议主席台的座次安排　主办方身份最高者居中，其他来宾按照国际礼宾次序先右后左（以主席台朝向为准）向两边排列，此点与国内会议安排法正好相反。

（3）主持人座次安排

主持人既可在前排边座入2座，也可按照职位高低顺序就座。主席台座次安排好后，要把主席团座次图表贴在休息室门口，并在主席台上摆放座位台签，以便领导对号入座。注意认真填写台签，谨防错别字出现。

对在主席台就座的领导同志能否届时出席会议，在开会前务必逐一落实。领导同志到会场后，要安排在休息室稍候，再逐一核实，并告知上台后所坐位置。如主席台人数很多，还应准备座位图。如有临时变化，应及时调整座次、台签，防止主席台上出现台签差错或领导空缺。

2．与会代表的座次安排

（1）竖排法　把每个代表团、单位、小组的坐席从前向后排成纵向一列，再按团顺序从左到右横向排列座次。排列按照参加会议的代表团名称笔画、汉字拼音首字母顺序，或约定俗称的排列顺序。国际性会议往往按照与会国家英文名称的第一个字母顺序。这种排法要注意先排出正式代表，后排出列席代表。

（2）横排法　按照既定的次序把参会的各个代表团、单位的坐席排成横向的一行，再按顺序从前到后依次纵向排列。选择这种方法应注意将正式代表或成员排在前，职位高者排在前，列席成员、职位低者排在后。

（3）左右排法　把每个参会的代表团、小组、单位的坐席安排成纵向的列，再以会场的中心为基点，将顺序在前的排在中间位置，然后先左后右（以主席台的朝向为准），一左一右向两侧横向交错扩展排列座次。

选择这种方法时应注意人数。如果代表团、小组、单位数量为单数，排在第一位的成员应居中；如果代表团、小组、单位数量为双数，那么排在第一、第二位的两位成员应居中，以保持两边人数的均衡。

无论采用何种排法，座次安排好后，秘书一定要事先划好座次区域，在会场大门贴指示牌、座位图，或者在与会代表的出席证上注明座位号，以便与会代表顺利入座。

3．乘车的座次安排

若有专职司机驾车，则在司机的右后边为1号首长座位，司机的正后边为2号首长座位，司机的旁边为3号秘书座位。如图1-8-3。

若由主人亲自驾驶，以驾驶座右侧为1号，后排右侧为2号，左侧为4号，而后排中间座为3号。如图1-8-4。

若由主人夫妇亲自驾车时，则主人夫妇坐前座，客人夫妇坐后座。

上车时应先让后排位低者先上车，前排尊者后上车，但下车时却应先让前排尊者先下，后排客人再下。

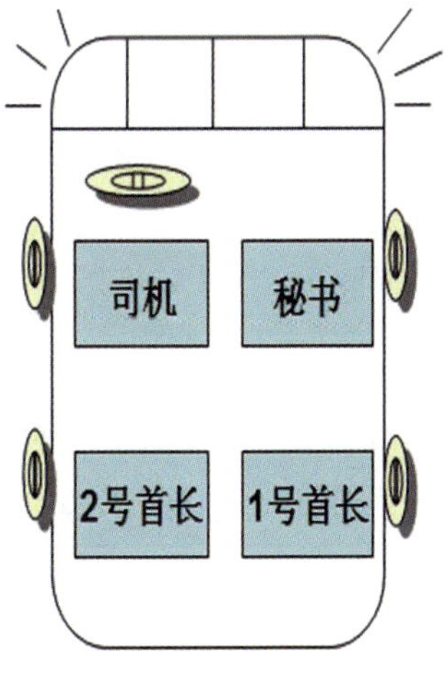

图1-8-3

图1-8-4

二、合影安排的注意事项

较为正式的会面，宾主双方往往需要合影留念。在涉外交往之中，对此尤其讲究。

（一）合影准备

1．主随客便

在合影前，主方宜征求来宾意见，切勿勉强。有些外国人士出于宗教方面或其他方面的原因，往往忌讳拍照，对合影多有抵触情绪。

2．提供照片

合影之后，主方宜向参与合影的各方人士主动提供照片，并保证人手一张。

3．布置场所

正式的合影，均应先期选择好场地，并进行认真的布置。临时凑合，往往欠妥。

4．备好器材

拍照时需用的一切器材，均应提前备好、备足，以防在合影时发现短缺，令人措手不及。

5．确定时间

正规的合影，在必要时要向所有参加者通报具体的时间，使对方有所准备。

（二）合影排位

正式的合影，既可以排列座次，也可以不排列座次。需要排列具体座次时，应首先考虑到方便拍摄与否。与此同时，还应兼顾场地的大小、人数的多少、身材的高矮、内宾或外宾等。

正式合影的人数，一般宜少不宜多。在合影时，宾主一般均应站立。必要时，可安排前排人员就座，后排人员则可梯级站立。但是，通常不宜要求合影的参加者蹲着参加拍照。

合影时，若安排其参加者就座，应先期在座位上贴上便于辨认的名签。

1．国内合影的排位

国内合影时的排位，一般讲究居前为上、居中为上和居左为上。具体来看，又有单数与双数之别。通常，合影时主方人员居右，客方人员居左。

2．涉外合影的排位

在涉外场合合影时，应遵守国际惯例，宜令主人居中，主宾居右，令双方人员分主左宾右依次排开。简言之，就是讲究以右为上。

实训要求

1．案例分析

（1）M公司的王经理要来N公司参观，N公司安排专职司机和公司女秘书去接王经理。当一起乘车回来时，女秘书为沟通方便，与王经理肩并肩坐在司机后面的位置上。

（2）A公司徐总经理带着秘书亲自驾车去机场接B公司的张经理。为了表示尊敬，徐总请张经理坐到轿车的后排，并让秘书在后排作陪。

讨论：案例中座次安排有无问题？

2．情景模拟

（1）公司召开年会，请分别按照不同职位，为他们进行座次安排。

（2）请为毕业班师兄师姐安排毕业照合影的位次。

（3）某公司要去机场迎接从日本来的客户山本，前去迎接的是张经理、翻译孟小姐和司机老张。请为他们安排座位。

拓展提升

1．G20峰会晚宴、合影位置安排的玄机

从2008年起，二十国集团（G20）开始召开领导人峰会，为二十国领导人讨论全球经济治理提供平台。G20峰会欢迎晚宴领导座次怎么排？领导合影又是如何安排？

2．宴请的座次礼仪

两桌组成的小型宴请座次、多桌组成的宴请桌次、中西宴请桌次安排有何不同？

扫描二维码登录看G20的座次安排

扫描二维码登录学习宴请的座次礼仪

任务9 馈赠

案例导入

— 绿帽子 —

小强到某一少数民族聚集区旅行。为了表示欢迎，当地朋友为小强准备了一份礼物。朋友说：“送你一顶帽子，这是我们民族兄妹亲手做的”。小强把盒子打开，结果是一顶绿帽子。在当地，绿色是吉祥色。

— 多事的手帕 —

国内有家企业特意为意大利客人在著名的丝绸之都——杭州，订购制作了一批纯丝、绣有菊花图案的手帕，在迎接客人时，作为礼物送给了他们。没想到，客人接到手帕后一片哗然，议论纷纷，而且还显出了十分不高兴的样子。特别是一位夫人，大声叫喊，表现得极为愤慨。后来这家企业又选购了一批绣有国宝熊猫的手帕，熊猫憨态可掬，可意大利客人还是不高兴。

扫描二维码登录学习如何送礼

讨论 ① 小强喜欢这样的礼物吗？送手帕有什么问题？

② 选择礼物时，应该选择你所爱的礼物，还是视馈赠对象而定？

③ 能够送英国人百合花、日本人荷花吗？

知识链接

一、馈赠礼仪规范

馈赠作为一种非语言的重要交际方式，是以物的形式出现，以物表情，礼载于物，起到寄情言意“无声胜有声”的作用。得体的馈赠，恰似无声的使者，给交际活动锦上添花，给人们之间的感情和友谊注入新的活力。

得体的馈赠需考虑六个方面的问题：送给谁（WHO），为什么（WHY），送什么（WHAT），何时送（WHEN），在什么场合送（WHERE），如何送（HOW）。也就是要考虑馈赠对象、馈赠目的、馈赠内容、馈赠时机、馈赠场合、馈赠方式六个要素，简称馈赠“5个W1个H”规则。

（一）馈赠对象

馈赠对象即馈赠客体，是赠物的接受者。馈赠时要考虑到馈赠对象的性别、年龄、职位、身份、性格、喜好、数量以及彼此的关系现状等因素。

需要了解受赠对象的爱好和需求，尊重对方的个人禁忌，以免所选礼品犯忌而适得其反。根据受赠对象的爱好和实际需求来选择礼品，可以增加礼品的实效性，增强对送礼者的好感和信任。如老师在学生取得佳绩时可以赠给有益的书籍，给书法爱好者赠送文房四宝，给音乐爱好者赠送乐器等。同时根据与馈赠对象的亲缘关系、地缘关系、业缘关系、性别关系、友谊关系、文化习惯关系、偶发性关系等在选择礼品时有所不同，区别对待。例如玫瑰是爱情的象征，是送给女友或夫人的佳礼。但若把它随便送给一位普通关系的异性朋友，就可能引起不必要的误会。

（二）馈赠目的

馈赠目的即馈赠动机。任何馈赠都是有目的的，或为表达友谊，或为祝颂庆贺，或为酬宾谢客，或为慰问哀悼。馈赠动机应高尚，以表达情谊为宜。

送礼在本质上应被视为向他人表示友好、尊重与亲切之意的途径或方式。只有本着这一目的，才能正确地选择适当礼品。公司庆典一般送上一篮鲜花，慰问患者可以送鲜花、营养品、书刊等，朋友生日可以送卡片、蛋糕等，庆祝节日可以送健康食品、当地特产，旅游归来可以送当地人文景观纪念品及土特产，走亲访友一般送精致水果、糖酒食品等。

礼品不可太贵重，应强调“礼轻情意重”，注重纪念意义。可选择有纪念意义的、有特色的东西作为礼品，如能馈赠即使有钱也难买到的特制纪念品则更佳。总之，应使礼品价值大于其物质价值，切不可将送礼变成行贿等行为。

（三）馈赠内容

馈赠内容即馈赠物，是情感的象征或媒介，包括赠物和赠言两大类。赠物可以是一束鲜花、一张卡片或一件纪念品。赠言则有多种形式，如书面留言、口头赠言、临别赠言、毕业留言等。

选择不同的礼品给不同的人是很多国家的习俗，特别是不同身份的人给不同的礼品非常重要。如果给主人和陪同人员的礼品完全相同，在一些国家会被认为是一种不尊重。

把受礼人的单位或姓名刻在礼品上的某个位置，注明赠礼的理由，会使礼品具有更大的珍藏价值。

同一个人在前后几次见面时要尽可能分送不同的礼品，否则说明赠礼人欠缺诚意。

1. 给美国人送礼

可“以玩代礼”，也可送葡萄酒或烈性酒。高雅的名牌礼物他们很喜欢。或尽量送一些具有浓厚乡土气息或别致精巧的工艺品，以满足美国人的猎奇心。

2. 给英国人送礼

给英国人送礼要轻，可送些鲜花，小工艺品、巧克力或名酒。

3. 给德国人送礼

德国人喜欢价格适中、典雅别致的礼物，包装一定要尽善尽美。

4. 给法国人送礼

法国人最讨厌初次见面就送礼，一般可在第二次见面时再送，礼品常是几枝不加捆扎的鲜花。

5. 给日本人送礼

送礼是日本人的一大喜好，他们比较注重牌子，喜欢名牌礼物和礼品的包装，但不一定要贵重礼品。送礼通常送对其本人用途不大的物品为宜。送礼者不要在礼物上刻字作画以留纪念，因他还要将此礼品继续送出去。

6. 给韩国人送礼

韩国人喜欢本地出产的东西，故你在送礼时只需备一份本国、本民族、本地区的特产即可。

7. 给阿拉伯人送礼

阿拉伯人喜欢赠贵重物品，也喜欢得到贵重物品，喜欢名牌，不喜欢纯实用性的东西。初次见面不能送礼给他们，不能送旧物品和酒。

（四）馈赠时机

馈赠时机即馈赠的具体时间和形势，主要应根据馈赠主客体的关系和馈赠形式来把握。

花可以在迎送初期或者会谈会见起身告辞时赠送。签字仪式一般在仪式结束时互赠礼品。用餐时，正式宴会如果有礼品互赠仪式，应按计划在相应时间段赠送，除此之外，一般是在临近结束时赠送；家宴一般在开始前赠送。祝贺欢庆一般是开始或者提前赠送。

（五）馈赠场合

馈赠场合即馈赠的具体地点和环境，主要应区分公务场合与私人场合，根据馈赠的内容和形式来选择适当的场合。

在人多的场合发放礼品，往往可能会漏掉一些人，因此，要格外注意礼品的数量。宁可多分一些，不可少发，否则会导致一些尴尬。也可双方协商好，只赠主宾，其他客人的礼品另择机赠送。另外，人多场合赠送的礼品不宜过于贵重或具有针对个人的倾向。

（六）馈赠方式

馈赠方式主要有亲自赠送、托人转送、邮寄运送等。会谈会见等活动，一般由最高职位的人代表本方向对方人员赠送礼品。赠送应从地位最尊的人开始。同一级别的人员中应先赠女士后赠男士，先赠年长者后赠年少者。赠送礼品应双手奉送，或者用右手呈交，避免用左手。

有些国家接受礼品时有推辞的习惯，但这只是一种礼节，并不代表拒绝。如果赠送的礼品确实没有贿赂之意，则应大胆坚持片刻。如果对方坚持拒收，则可能确实有不能接受的理由，不能一再强求，也不应表现出不高兴的情绪。

二、馈赠注意事项

一般而言，选择礼品不应忽视的禁忌有四类：第一，个人禁忌。送情侣表给一位刚刚守寡的妇女，送一盒烟给一位从不吸烟的长者，都会触犯对方的私人禁忌。第二，民俗禁忌。如俄罗斯人最忌讳送钱给别人，因为这意味着施舍和侮辱，汉族人忌送钟、伞，因为这意味着不吉利。第三，宗教禁忌。如对伊斯兰教徒不能送人形礼物，也不能送酒、雕塑和女人的画片，因为他们认为酒是万恶之源。第四，伦理禁忌。如各国均规定不得将现金和有价证券送给并无私交的公务人员。过时送礼，对婚嫁祝寿等较大的喜庆，等到参加完人家的仪式、宴会之后再补充，也是失礼的。不同国家有不同的馈赠禁忌，以下简要介绍一下。

日本人：日本人送你礼物时，要向他表示感谢，但不能马上接过来，要等主人让一两次之后再收。送礼时涉及数字，日本人最忌讳“四”和“九”，因为日文中“四”和“死”的发音相同；“九”与“苦”的发音相同。参加日本人婚礼时，礼金要避免偶数，因为偶数是二的倍数，他们认为这容易导致夫妻分离。

汤加人：汤加人认为鲜花不可以送人。

英国人：不能送百合花，英国人认为百合花有死亡的意味。

荷兰人：礼品要用礼品纸包好，但不能送食品。

波兰人：给女主人送礼时，不要送红玫瑰，因为红玫瑰代表浪漫的爱情。

美国人：不要送不太值钱的假首饰，那会使人感到你看不起他，特别忌讳。送带有你单位标志的便宜东西，但头巾和手绢除外。如果你是男士，不要送给美国女士香水、衣物和化妆品。另外，业务往来中的送礼，注意不要在公开场合，除非你与受礼人是老熟人、老朋友。

三、赠花礼仪

赠送鲜花是时下国际通用的既时尚又实用的一种礼仪形式。不同的鲜花往往有各自约定俗成的含义，什么时候送什么花，什么场合选什么花，什么人喜欢什么花，都需要根据具体情况，因时因地因对象而精心设计。

按照我国民间流传的习俗，凡花色为红、橙、黄、紫的暖色花和花名中含有喜庆吉祥意义的花，可用于喜庆事宜；而白、黑、蓝等寒色偏冷气氛的花，大多用于伤感事宜。因此在通常情况下，喜庆节日送花要注意选择艳丽多彩，热情奔放的；致哀悼念时应选淡雅肃穆的；探视患者要注意挑选悦目恬静的。

具体地讲，春节期间，给亲友送花要选带有喜庆与欢乐气氛的剑兰、玫瑰、香石竹、兰花、热带兰、仙客来、水仙、蟹爪兰、红掌、金橘、鹤望兰等，具体送哪种还要根据对方爱好和正在开放的应时花而定。

祝福长辈生辰寿日时，可依老人的爱好选送不同类型的祝寿花，一般人可送长寿花、百合、万年青、龟背竹、报春花、吉祥草等；若举办寿辰庆典可选送生机勃勃，寓意深情，瑰丽色艳的花，如玫瑰花篮，以示隆重、喜庆。

热恋中的青年男女或友人新婚祝贺，一般要选送红色或朱红色、粉红色的玫瑰花、郁金香、火鹤花、热带兰配以文竹、天门冬、满天星等；或选用月季、牡丹、紫罗兰、香石竹、小苍兰、马蹄莲、扶郎花等配以满天星、南天竹、花叶常春藤等组成的花束或花篮，既寓意火热吉庆，又显高雅传情，象征新夫妇情意绵绵，白头偕老，幸福美好。

中国人赞赏荷花“出淤泥而不染”的性格，但在日本，荷花却表示死亡。在中国广东、海南、港澳地区；金橘、桃花表示“吉”、“红火”的意思，而梅花、茉莉和牡丹花却表示“霉运”、“没利”、“失业”的意思。

国内喜爱红色的花，特别是结婚时，送红色的鲜花才算喜庆。而西方给新娘送白色鲜花才是最好的祝福。

在中国喜庆活动中送花要送双数，在丧葬上要送单数。在沿海地区，送4枝花给别人，必然不受欢迎，因为4的发音和“死”相近。而西方国家里，送花讲究单数，但“13”这个数字是不可以用的。日本人喜欢奇数，如数字“3”等，对“4”和“9”却相当反感。

实训要求

1. 每年春节，都是走亲访友，拜访客户，增强商务往来的繁忙时节。假设你是某公司的业务代表，主管要求你挑选一批礼品送给合作单位表示感谢。请到当地礼品花卉市场进行实地调研后，讨论应如何圆满地完成该项任务。

2. 情境模拟：2人一组，扮演赠礼者和收礼者。赠礼者描述选择礼品的原因；收礼者描述收到礼品的感受。

（1）商务接待礼品；

（2）朋友生日礼品；

（3）同事生病看望礼品；

（4）同事妻子生小孩礼品；

（5）公司庆典纪念品采购；

（6）父母六十岁生日礼品；

（7）情人节礼品。

拓展提升

1. 国外领导人送礼谁最“讲究”

卡梅伦送普京一张照片；奥巴马送给布朗25盘好莱坞大片影碟；普京送给挪威王子金制纽扣和领带夹……究竟谁是送礼高手？

2. 中国（深圳）国际礼品展览会

每年4月和10月的黄金采购季，深圳都会举办中国及亚洲最大的礼品展览会。展会已成功举办二十一年，聚集来自全国各地的3600多家以生产商为主的一流礼赠品品牌。

扫描二维码登录看看国外领导人送礼之道

扫描二维码登录了解礼品展览会

任务10 涉外礼仪

案例导入

— 春节的祝福 —

内地一家五星级酒店在除夕之夜迎来了一个新加坡团。大年初一这一天，一名刚入职的新员工对着新加坡客人说了一句“新年快乐，恭喜发财”，却引来了客人的不满，并遭到投诉。

扫描二维码登录学习涉外礼仪

讨论 ① 涉外交往中有哪些细节需要我们注意？

② 与德国商人洽谈前先聊时政，合适吗？

③ 与南美客户洽谈业务，穿浅色服装得体吗？

④ 拜访前，是否需要打电话预约？敲门时，敲几下为宜？

知识链接

涉外礼仪，也就是人们参与国际交往所要遵守的惯例。它强调交往中的规范性、严谨性、对象性、技巧性等。

一、涉外礼仪基本原则

（一）维护国家利益

维护国家利益是对外交往中要遵循的最基本的原则。在参与涉外交往活动时，应时刻意识到，在外国人眼里，自己是国家、民族、单位组织的代表，要做到不卑不亢。自己的言行举止要端庄得体，既不要表现得畏惧自卑，也不应自大猖狂。

（二）信守约定

尊重对方、取信于人是建立良好人际关系的前提，同时也是我们应具备的基本品德。在涉外交往中，许诺时需谨慎，不要信口开河。在一切有关时间方面的正式约定中，一定要信守承诺。

（三）尊重隐私

涉外礼仪强调以人为本，尊重个人隐私，维护人格尊严。凡涉及经历、年龄、婚恋、政治见解等话题均属个人隐私，不应查问，即在交往中“有所不为”。

（四）入乡随俗

涉外交往中，要尊重交往对象。首先必须充分了解交往对象的相关习俗，即在衣食住行、言谈举止、待人接物等方面所特有的讲究与禁忌。其次必须充分尊重交往对象所特有的种种习俗，既不能少见多怪、妄自非议，也不能以我为尊、我行我素。

二、涉外礼仪禁忌

（一）东南亚礼忌

与东南亚商人洽谈商务时，忌跷起二郎腿，乃至鞋底悬着颠来颠去。否则，必引起对方反感，交易当即告吹。

（二）中东礼忌

中东阿拉伯国家的商人，往往在咖啡馆里洽谈贸易。与他们会面时，宜喝咖啡、茶或清凉饮料，忌饮酒、吸烟、谈女人、拍照，也不要谈论中东政局和国际石油政策。

（三）俄罗斯礼忌

俄罗斯及东欧诸国，对西方商人的礼待是极其热情的。在同俄罗斯人洽谈时，切忌称呼"俄国人"。

（四）英国礼忌

到英国洽谈贸易时，要有两条忌讳：一是忌系有纹的领带，因为带纹的领带可能被认为是军队或学生校服领带的仿制品；二是忌以皇室的家事为谈话的笑料。

（五）法国礼忌

到法国洽谈贸易时，忌过多地谈论个人私事，因为法国人不喜欢大谈家庭及个人生活的隐私。

（六）南美礼忌

赴南美洲洽谈交易，宜穿深色服装，谈话宜亲热并且距离靠近一些，忌穿浅色服装，忌谈当地政治问题。

（七）德国礼忌

德国商人很注重工作效率。因此，同他们洽谈贸易时，忌神聊或节外生枝地闲谈。德国北部地区的商人均重视自己的头衔，当同他们一次次热情握手，一次次称呼其头衔时，必然格外高兴。

（八）瑞士礼忌

若给瑞士的公司寄信，收信人应写公司的全称，严禁写公司工作人员的名字，否则，如果收信人不在，此信永远也不会被打开。瑞士人崇拜老字号的公司，如果你的公司建立于1895年之前，那么应在工作证件上或名片上特别强调出来。

（九）美国礼忌

与美国人洽谈交易时，不必过多地握手与客套，贸易谈判可直截了当地进入正题，甚至从吃早点时即可开始。

三、涉外礼仪要点

（一）着装礼仪

根据涉外礼仪的规范，大体分为三类场合：公务场合、社交场合和休闲场合。

公务场合，涉外人员的着装应当重点突出"庄重保守"的风格。目前在公务场合的着装最为标准的是深色毛料的套装、套裙或制服。具体而言，男士最好是身着藏蓝色、灰色的西装套装或中山装，内穿白色衬衫，脚穿深色袜子、黑色皮鞋。穿西装套装时，务必要戴领带。女士的最佳衣着是身着单一色彩的西服套裙，内穿白色衬衫，脚穿肉色长统丝袜和黑色高跟皮鞋（图1-10-1）。有时，穿着单一色彩的连衣裙也可，但是尽量不要选择以长裤为下装的套装。

社交场合，涉外人员的着装应当重点突出“时尚个性”的风格，既不必过于保守从众，也不宜过分的随便邋遢。目前的做法是，在需要穿着礼服的场合，男士穿着黑色的中山套装或西装套装，女士则穿着单色的旗袍或下摆长于膝部的连衣裙。其中，尤其以黑色中山装套装与单色旗袍最具有中国特色，并且应用最为广泛。在社交场合，最好不要穿着制服或便装。

休闲场合，涉外人员的着装应当重点突出“舒适自然”的风格。衣着没有必要过于正式，尤其应当注意，不要穿套装或套裙，也不必穿制服，既没有任何必要，也与所处的具体环境不符。

（二）谈吐礼仪

在与外宾交谈时，表情要自然，态度要诚恳，用语要文明，表达要得体。别人在与他人个别交谈时，不要凑前旁听。若有事需与某人谈话，应待别人说完。交谈中若有急事而要离开时，应向对方打招呼，表示歉意。在与外宾交谈时，不要打听对方的年龄、履历、婚姻、薪金、衣饰价格等私人生活方面的情况。同外国人交谈，最好选择喜闻乐道的话题，诸如体育比赛、文艺演出、电影电视、风光名胜、旅游度假、烹饪小吃等，大家都会感兴趣。这类话题使人轻松愉快，能受到大家普遍欢迎。如果外国人主动谈起我们不熟悉的话题，应该洗耳恭听，认真请教，千万不要不懂装懂，更不要主动同外国人谈论自己一知半解的话题。

（三）拜访礼仪

1. 拜访前的相邀礼仪

不论因公还是因私拜访，都要事前与被访者电话联系。联系的内容主要有四点：自报家门（姓名、单位、职务）；询问被访者是否在单位（家），是否有时间或何时有时间；提出访问内容（有事相访或礼节性拜访）使对方有所准备；在对方同意的情况下定下具体拜访的时间、地点。注意要绕开吃饭和休息，特别是午睡的时间。最后，向对方表示感谢。

2. 拜访时敲门的技巧

要用食指敲门，力度适中，间隔有序敲三下，等待回音。如图1-10-2。如无应声，可再稍加力度，再敲三下，如有应声，再侧身隐立于右门框一侧，待门开时再向前迈半步，与主人相对。

不能用力拍门，如图1-10-3。

图1-10-1　男女着装示范

图1-10-2　正确的敲门示范

图1-10-3　错误的敲门示范

3. 拜访的要求

拜访时要准时，注意客随主便。主人不让座不能随便坐下。如果主人是年长者或上级，主人不坐，自己不能先坐。主人让座之后，要口称“谢谢”，然后采用规矩的礼仪坐姿坐下。主人递上烟茶要双手接过并表示谢意。如果主人没有吸烟的习惯，要克制自己的烟瘾，尽量不吸，以示对主人习惯的尊重。主人献上果品，要等年长者或其他客人动手后，自己再取用。

拜访时要开门见山，直述来意，谈话时间不宜过长。跟主人谈话时，语言要客气，态度要友好。

拜访时要懂得适时告辞。起身告辞时，要向主人表示“打扰”之歉意。出门后，回身主动伸手与主人握别，说：“请留步”。待主人留步后，走几步，再回首挥手致意：“再见”。

实训要求

1. 自行选定某个国家为背景，2~3人一组，进行场景演练，注意着装，模拟拜访、见面交谈等礼仪规范。

2. 谈谈涉外贸易洽谈时，不同国家礼仪规范背后蕴藏的文化差异。

拓展提升

1. 中西餐礼仪差异

衣着、入座、上菜、餐具等，中西方均存在较大差异，看看中西用餐有何不同？

2. 涉外交往中的住宿礼仪

涉外交往中，住宿安排应注意哪些规范？两名已经成年的同性能共居于一室吗？能相互登门拜访吗？

扫描二维码登录了解中西餐差异

扫描二维码登录了解涉外交往中的住宿礼仪

项目二

职场礼仪

■ 学习目标

1. 了解职场礼仪的重要性
2. 掌握酒店前厅服务礼仪
3. 掌握酒店客房服务礼仪
4. 掌握酒店餐饮服务礼仪
5. 掌握展会接待服务礼仪

■ 情境描述

美国“旅馆大王”希尔顿于1919年把父亲留给他的1.2万美元连同自己挣来的几千元投资出去，开始了他雄心勃勃的经营旅馆生涯。当他的资产从1.5万美元奇迹般地增值到几千万美元的时候，他欣喜自豪地把这一成就告诉母亲，想不到，母亲却淡然地说：“依我看，你跟以前根本没有什么两样……事实上你必须把握比几千万美元更值钱的东西：除了对顾客诚实之外，还要想办法使来希尔顿旅馆的人住过了还想再来住，你要想出这样简单、容易、不花本钱而行之久远的办法去吸引顾客，这样你的旅馆才有前途。”母亲的忠告使希尔顿陷入迷惘：究竟什么办法才具备母亲指出的“简单、容易、不花本钱而行之久远”这四大条件呢？他冥思苦想，不得其解。于是他逛商店、串旅店，以自己作为一个顾客的亲身感受，得出了准确的答案：“微笑服务。”只有它才实实在在地同时具备母亲提出的四大条件。

从此，希尔顿实行了微笑服务这一独创的经营策略。每天他对服务员的第一句话是：“你对顾客微笑了没有？”他要求每个员工不论如何辛苦，都要对顾客投入微笑，即使在旅店业务受到经济萧条严重影响的时候，他也经常提醒职工记住：“万万不可把我们心里的愁云摆在脸上，无论旅馆本身遭受的困难如何，希尔顿旅馆服务员脸上的微笑永远是属于旅客的阳光。”因此，经济危机中纷纷倒闭后幸存的20%旅馆中，只有希尔顿旅馆服务员的脸上带着微笑。

任务1 酒店前厅服务

案例导入

— 特价房 —

晚上22：00左右，某酒店前厅接待处有一位客人正在大声地和服务员陈小姐争论着什么，而陈小姐好像在坚持着什么。原来客人自称是总经理的朋友，要求陈小姐给他一间特价房，而陈小姐却说没有接到过总经理的任何通知，只能给予常客优惠价。对此，客人很不满意，大声地吵起来，说一定要到总经理处投诉她：怎么连总经理的朋友也不买账？

扫描二维码登录学习前厅服务礼仪

讨论 ① 陈小姐该如何答复并处理此问题？

② 应向客人行多少度鞠躬礼？

③ 高峰期，怎样做到“接一顾二招呼三”？

知识链接

一、酒店前厅部的地位和作用

酒店前厅是指进入酒店大门后到酒店客房、餐厅之前的公共区域。前厅部是负责销售酒店产品、组织接待工作、调度业务经营和为客人提供服务的综合性服务部门。

前厅部的业务范围通常包括接待、订房、问询、行李、总机、商务中心等职能部门，为客人提供预订、登记、接待、订房、分房、换房、问询、电话、订票、留言、行李、商务文秘、退房等各项工作。

前厅部具有非常重要的地位和作用，前厅部的管理是酒店管理的重点。前厅部是酒店业务活动的中心和对客服务中心，是酒店管理机构的代表。

二、酒店前厅服务员礼仪要求

前厅服务员是酒店形象的代表，是酒店各部门员工中素质要求最高的部门，酒店应选拔素质最高的员工在前厅工作。他们身兼酒店的推销员、公关员、调解员、信息资料员以及业务监督员数职。酒店的成功经营与否，客人对酒店的印象甚至是否在本店留宿往往决定于酒店前厅服务员的素质。

（一）前厅服务员的基本素质

1. 仪表、仪态

前厅服务员的仪表、仪容、礼仪、礼貌直接影响酒店的形象，关系到服务质量、客人的心理活动，甚至影响到酒店的经济效益。也就是说，酒店前厅服务员首先在仪表、仪态上给客人形成一个管理有素、经营有方的印象，从而使客人觉得受到尊重并且感到能在这样的酒店里住宿是一种荣耀，因此愿意再次光临。

优秀的前厅服务员必须着装整洁、大方、面带微笑、主动热情、讲究礼仪、礼貌、彬彬有礼地接待客人；要头脑反应灵敏、记忆准确、表情自然，留意客人表情，注意客人动作，掌握客人心理。许多酒店规定前厅服务员上岗前要洗头、吹风、剪指甲，保证无胡须、发型大方；化妆轻淡、朴素雅致；不使用有颜色的指甲油及浓味香水等。

2. 语言

前厅服务员必须具备优美的语言、令人愉悦的声调、恰当的内容和灵活策略的语言技巧。这样，前厅的服务就会显得生机勃勃。前厅服务员必须掌握一两门外语的基本会话能力，发音标准、表达准确。

3. 行为举止

优秀的前厅服务员应该做到站立标准、行为规范、举止大方。尽量避免或克服不好的习惯动作如吸烟、嚼口香糖、工作场所吃喝、高嗓门叫喊、勾肩搭背、指手划脚等。

4. 业务操作技能

前厅服务员必须能够熟练、准确地按程序完成本职工作。工作时的快速敏捷、准确无误也标志着酒店的管理水平。任何业务操作失误，不仅会给酒店造成经济损失，更重要的是破坏了客人对酒店的总体印象。

5. 应变能力

应变能力是前厅服务员应具备的特殊服务技能与素质。酒店的客人来自全国各地或异国他乡，不同的生活习惯、不同的知识与修养都会有不同的表现。酒店在经营中也会出现失窃、火灾以及账目失控等特殊情况，前厅服务员只有具备应变能力，才能妥善处理好这些特殊问题。在任何情况下，前厅服务员都应沉着冷静，采用灵活多变的方法，处理好每件特殊的事件。

6. 诚实度

前厅服务员必须具有较高的诚实度。这一素质在酒店经营中已显得愈加重要。特别是在涉及出纳工作及外币兑换工作时，前厅服务员必须能够严格遵守工作纪律；在接待工作中，给予客人的优惠必须符合酒店的规定，绝对不能以工作之便徇私舞弊。

7. 知识面

前厅服务员在业务中经常碰到客人各种各样的提问，这些问题有时会涉及政治、经济、旅游、风俗、文化以及有关酒店情况，前厅服务员只有具备较宽的知识面和丰富的专业知识，才能为客人提供准确而翔实的信息。

8. 合作精神

前厅的每一位员工都应该意识到前厅就是酒店的一个“舞台”，每个人都在扮演一个特定的角色，要想演好这场戏，需要员工的集体合作。当接待员忙于接待时或因特殊情况离开工作岗位时，其他员工必须能够替代其工作，共同使客人满意，个人的意见或恩怨绝不能表现到工作中来，否则会破坏整个酒店的形象。

（二）前厅服务员岗位职责

1. 迎宾岗位职责

（1）指挥和疏导门前车辆，做好宾客迎送工作。

（2）面带笑容，为客人打开车门，躬身向客人致意，并用右手挡住车门上沿，以免客人碰头。对孩子、老人或是行动不便的客人，要主动提供帮助，搀扶下车。

（3）帮助客人装卸行李，并请客人清点、检查有无物品遗失。如果客人是离店，应在车辆开动后向客人挥手致意。注重在开关车门时不要夹住客人的衣裙及物件。

（4）观察出入门厅人员的动向，注意做好防暴、防窃工作，并协助保卫人员做好宾客抵达与离开时的保卫工作。

2. 接待员职责

（1）细致热情地接受订房和团体开房。在开房时向客人详细介绍房间情况，讲清房价，避免引起误解。

（2）做好开房登记和有关验证客人身份的工作。熟悉当天抵店的VIP客人身份、房号及抵离时间。

（3）熟悉当天散客及旅行团的开房情况，掌握当天的房间状况。

（4）办理加床和换房要向客人讲明情况，并要登记和说明，以便查询。

（5）夜班当班员工要负责制作当日报表，反映房间情况，并搞好班组卫生。

（6）严格遵守各项制度和服务程序。

3. 预订员职责

（1）根据客人的要求，为其提供与其需求相应的客房。

（2）全天24小时为客人提供预订服务，及时处理订房要求。

（3）及时记录和存储预订资料。

（4）做好客人抵达前的准备工作。

4. 行李员职责

（1）按规定位置站立，站姿要端正，并密切注意客人动态，准备随时为客人提供帮助。

（2）时刻注意分房员的召唤，热情为客人带路，敏捷地为客人运送行李，并主动为客人介绍酒店的各项服务设施。

（3）要注意确保客人行李的安全，并及时准确地帮助客人把行李送到指定的地点。

5. 行李寄存员职责

（1）回答客人关于寄存的问询，向客人说明酒店有关寄存的规定。

（2）寄存领取手续要清楚，登记要准确，力争不出差错，万一出错则应立即向有关领导汇报。

（3）做好交接班工作，各项手续要清楚。

（4）严格遵守有关制度及各项服务操作程序。

6. 收银员岗位职责

（1）严格遵守各项财务制度和操作程序，准确收点客人的现金或是支票，准确填写发票。

（2）做好交接班工作，钱物一定要交接清楚。

（3）按规定及时结清客人或团体的各种费用。

7. 总机话务员岗位职责

（1）负责接听一切外来电话，连接酒店各部门及客人的一切电话。

（2）转达客人的投诉，通知有关部门采取补救措施。

（3）负责为客人提供叫醒服务。

（4）负责将客人的一切要求通过电话转达给有关部门或个人。

（5）明确在接到紧急电话时应采取的措施和行动。

8. 问询员岗位职责

（1）掌握本酒店的一切设施及酒店所在城市的其他大酒店、娱乐场所、名胜古迹的情况。

（2）管理好客房钥匙，做好保管和收发工作。

（3）熟悉电脑查询操作。

（4）帮助客人安排会客。将来访者的姓名等情况传达给客人，再根据客人的意见安排会面事宜。

（5）负责办理客人委托的相关事宜。为客人办理订房、购买机票和车（船）票、办签证、取送物品、购物等各项事情。

9. 票务员职责

（1）满足客人的需要，及时为其购买机票、车（船）票，并做好购票及发票的登记工作，确保无误。

（2）按规定收取购票手续费，并及时结清账目。

（3）严格遵守有关制度和服务操作规定。

10. 前台领班职责

（1）协助前台主管好日常工作，检查、督促员工严格遵循各项服务程序和标准，为客人提供优质服务。

（2）尽最大努力满足顾客需求，认真处理客人的投诉，遇到不能解决的问题要及时向上级汇报。

（3）确保入住登记符合有关规定，做到详细、准确、清晰。每天定时检查，准确控制房间状态。遇到有换房、特殊安排房等情况要及时通知有关部门。

（4）每天定期检查邮件、留言，确保其发送、存放、记录准确无误。

（5）完成上级分派的其他工作。

三、酒店前厅服务礼仪

（一）酒店门厅迎送服务礼仪

（1）见到宾客光临，应面带微笑，主动表示热情欢迎，问候客人："您好！欢迎光临！"并致15度鞠躬礼。

（2）要认得每一位常住客人。对常住客人应称呼他(她)的姓氏，以表达对客人的礼貌和重视。

（3）当宾客较集中到达时，要尽可能让每一位宾客都能看到热情的笑容和听到亲切的问候声。

（4）宾客乘车抵达时，应立即主动迎上，引导车辆停妥，接着右手拉开车门，左手挡住车门框的上沿，以免客人碰头。如果是信仰佛教或伊斯兰教的宾客，因教规习俗，要注意不能为其护顶。

（5）如遇下雨天，要撑伞迎接，以防宾客被淋湿。若宾客带伞，应为宾客提供保管服务，将雨伞放在专设的伞架上。

（6）对老人、儿童、残疾客人，应先问候，征得同意后给予必要的扶助，以示关心照顾。如果客人不愿意接受特殊关照，则不必勉强。

（7）宾客下车后，要注意车座上是否有遗落的物品，如发现，要及时提醒宾客或帮助取出。

（8）如遇出租车司机“宰客”现象，应维护宾客利益，机智处理。

（9）客人离店时，要把车子引导到客人容易上车的位置，并为客人拉车门请客上车。看清客人已坐好后，再轻关车门，微笑道别：“谢谢光临，欢迎下次再来，再见!”并挥手致意，目送客人离去。

（10）主动、热情、认真地做好日常值勤工作。尽量当着客人的面主动引导或打电话为其联系出租车。礼貌地按规定接待来访者，做到热情接待，乐于助人，认真负责，不能置之不理。

（二）行李服务礼仪

（1）客人抵达时，应热情相迎，微笑问候，帮助提携行李。当有客人坚持亲自提携物品时，应尊重客人意愿，不要强行接过来。在推车装运行李时，要轻拿轻放，切忌随地乱丢、叠放或重压。

（2）陪同客人到总服务台办理住宿手续时，应侍立在客人身后1米处等候，以便随时接受客人的吩咐。

（3）引领客人时，要走在客人左前方二三步处，随着客人的步子行进。遇拐弯处，要微笑向客人示意。

（4）乘电梯时，行李员应主动为客人按电梯按钮，以手挡住电梯门框敬请客人先进入电梯。在电梯内，行李员及行李的放置都应该靠边侧，以免妨碍客人通行。到达楼层时，应礼让客人先步出电梯。如果有大件行李挡住出路，则先运出行李，然后用手挡住电梯门，再请客人出电梯。

（5）引领客人进房时，先按门铃或敲门，停顿三秒钟后再开门。开门时，先打开过道灯，扫视一下房间无问题后，再请客人进房。

（6）进入客房，将行李物品按规程轻放在行李架上或按客人的吩咐将行李放好。箱子的正面要朝上，把手朝外，便于客人取用。与客人核对行李，确认无差错后，可简单介绍房内设施和使用方法。询问客人是否有其他要求，如客人无要求，应礼貌告别，及时离开客房。

（7）离房前应向客人微笑礼貌告别，出后目视客人，后退一步，再转身退出房间，将门轻轻拉上。

（8）客人离开饭店时，行李员进入客房前必须按门铃或敲门通报，得到客人允许后方可进入房间。

（9）客人离店时，应询问客人行李物品件数并认真清点，及时稳妥地运送安放到车上。

（10）行李放好后，应与门厅应接员一起向客人热情道别，“欢迎再次光临”、“祝您旅途愉快”，并将车门关好，挥手目送车辆离去。

（三）总台接待服务礼仪

1. 接待服务礼仪

（1）客人离总台3米远时，应予以目光的注视。客人来到台前，应面带微笑热情问候，然后询问客人的需要，并主动为客人提供帮助。如客人需要住宿，应礼貌询问客人有无预订。

（2）接待高峰时段客人较多时，要按顺序依次办理，注意“接一顾二招呼三”，即手里接待一个，嘴里招呼一个，通过眼神、表情等向第三个传递信息，使客人感受到尊重，不被冷落。

（3）验看、核对客人的证件与登记单时要注意礼貌，“请”字当头，“谢谢，请收好”，确认无误后，要迅速交还证件并表示感谢。当知道客人的姓氏后，应尽早称呼姓氏，让客人感受到热情亲切和尊重。

（4）给客人递送单据、证件时，应上身前倾，将单据、证件文字正对着客人双手递上；若客人签单，应把笔套打开，笔尖对着自己，右手递单，左手送笔。

（5）敬请客人填写住宿登记单后，应尽可能按客人要求安排好房间。把客房钥匙交给客人时，应有礼貌地介绍房间情况，并祝客人住店愉快。

（6）如果客房已客满，要耐心解释，并请客人稍等，看能否还有机会。此外，还可为客人推荐其他酒店，主动打电话联系，以热忱的帮助欢迎客人下次光临。

（7）重要客人进房后，要及时用电话询问客人：“这个房间您觉得满意吗?”“您还有什么事情，请尽管吩咐，我们随时为您服务。”以体现对客人的尊重。

（8）客人对酒店有意见到总台陈述时，要微笑接待，以真诚的态度表示欢迎，在客人说话时应凝神倾听，绝不能与客人争辩或反驳，要以真挚的歉意，妥善处理。

（9）及时做好宾客资料的存档工作，以便在下次接待时能有针对性地提供服务。

2. 预订服务礼仪

（1）客人到柜台预订，要热情接待，主动询问需求及细节，并及时予以答复。若有客人要求的房间，要主动介绍设施、价格，并帮助客人填写订房单；若没有客人要求的房间，应表示歉意，并推荐其他房间；若因客满无法接受预订，应表示歉意，并热心为客人介绍其他饭店。

（2）客人电话预订时，要及时礼貌接听，主动询问客人需求，帮助落实订房。订房的内容必须认真记录，并向客人复述一遍，以免出差错。因各种原因无法接受预订时，应表示歉意，并热心为客人介绍其他饭店。

（3）受理预订时应做到报价准确、记录清楚、手续完善、处理快速、信息资料准确。

（4）接受预订后应信守订房承诺，切实做好客人来店前的核对工作和接待安排，以免出差错。

3. 问询服务礼仪

（1）客人前来问询，应面带微笑，注视客人，主动迎接问好。

（2）认真倾听客人问询的内容，耐心回答问题，做到百问不厌、有问必答、用词恰当、简明扼要。

（3）服务中不能推拖、怠慢、不理睬客人或简单地回答“不行”、“不知道”。遇到自己不清楚的问题，应请客人稍候，请教有关部门或人员后再回答，忌用“也许”、“大概”、“可能”等模糊言词应付客人。

（4）带有敏感性政治问题或超出业务范围不便回答的问题，应表示歉意。

（5）客人较多时，要做到忙而不乱、井然有序，应先问先答、急问快答，使不同的客人都能得到适当的接待和满意的答复。

（6）接受客人的留言时，要记录好留言内容或请客人填写留言条，认真负责，按时按要求将留言转交给接收人。

（7）在听电话时，看到客人来临，要点头示意，请客人稍候，并尽快结束通话，以免让客人久等。放下听筒后，应向客人表示歉意。

（8）服务中要多使用“您”、“请”、“谢谢”、“对不起”、“再见”等文明用语。

4. 结账服务礼仪

（1）客人来总台付款结账时，应微笑问候。为客人提供高效、快捷而准确的服务。切忌漫不经心，造成客人久等的难堪局面。

（2）确认客人的姓名和房号，当场核对住店日期和收款项目，以免客人有被酒店多收费的猜疑。

（3）递送账单给客人时，应将账单文字正对着客人；若客人签单，应把笔套打开，笔尖对着自己，右手递单，左手送笔。

（4）当客人提出酒店无法满足的要求时，不要生硬拒绝，应委婉予以解释。

（5）如结账客人较多时，要礼貌示意客人排队等候，依次进行，以免造成收银处混乱引起结算的差错并造成不良影响。

（6）结账完毕，要向客人礼貌致谢，并欢迎客人再次光临。

5. 其他服务礼仪

（1）如果有客人的邮件，特别是快件，应立即想办法送交客人，不得无故拖延。如果确定客人外出不在，应把邮件妥善放置，等客人回来时及时送交。收发邮件，一定要迅速、准确。

（2）在承揽了为客人代购各种机票、船票、车票的业务时，应尽力按客人的需求去办。

（3）在为客人代办事项时，应问清代办事项的品名、数量、规格尺寸、颜色、形状及时间要求，并向客人预收款项。

（四）电话总机服务礼仪

（1）坚守岗位，集中精神，在接待服务中坚持使用礼貌用语，避免使用“喂”、“我不知道”、“我现在很忙”、“什么”等语句。

（2）接听电话动作要迅速，不让电话铃响超过三声；主动问候对方“您好”，自报店名和岗位，热诚提供帮助。如果业务繁忙，在铃响三声后接听，应向顾客致以歉意：“对不起，让您久等了!”

（3）用电话沟通时，要保持嘴唇与话筒约1寸距离，若靠得太近，声音效果不好；要使用左手接听电话，以方便右手做必要的记录。

（4）要面带微笑，使语言热忱亲切、甜美友善，语调不宜太高，语速不宜太快，用词要简练得当。

（5）熟悉常用号码，按客人的要求迅速准确地转接电话。若转接的电话无人接听，忌用“不在”打发客人，应主动询问是否需要留言。

（6）随时在电话旁准备好便条纸和笔，当客人留言时，要认真倾听和记录，留言要重复一遍确认，并跟进、履行对客人的承诺，做到热心、耐心和细心。

（7）为客人接转电话和查找资料时，不能让对方等候电话超过15秒钟。要求对方等候电话，应向其表示歉意："对不起，请您稍候。"如果一时未能查清，应及时向对方说："正在查找，请您再稍等一会儿。"

（8）讲究职业道德，尊重他人隐私，不偷听他人电话。

（9）通话结束后，应热情道谢告别，待对方挂断电话后，方可挂掉电话。

（五）大堂副理服务礼仪

（1）接待客人要积极热忱，精力集中，以谦和、富有同情心的态度认真倾听，让客人把话讲完。

（2）对于客人投诉所反映的问题，要详细询问，并当面记录，以示郑重。

（3）能够设身处地地为客人考虑，以积极负责的态度处理客人的问题和投诉。在不违反规章制度的前提下，尽可能满足客人的要求。

（4）当客人发脾气时，要保持冷静，待客人平静后再做婉言解释与道歉，要宽容、忍耐，绝对不能与客人发生争执。

（5）尽量维护客人的自尊，同时也要维护好酒店的形象和声誉，原则问题不能放弃立场，应机智灵活处理。

（6）对客人的任何意见和投诉，均应给予明确合理的交代，力争在客人离开酒店前解决，并向客人表示感谢。

实训要求

一、酒店前厅部求职面试模拟。招聘酒店前厅接待员、总机话务员、预订员、行李员、商务中心职员、宾客关系经理、大堂副理、前厅部经理等人员。

二、比赛：全班同学分组，每组4～6人，互相检查作为酒店前厅服务员的形象设计，组长由各组自定。每组分别上场模拟接待客人。客人由班上的其余同学扮演，客人在酒店前厅部进行登记入住、咨询信息、进行投诉、办理退宿手续等。同学扮演酒店前厅服务员，在推销酒店客房、餐饮、康乐等酒店服务、提升酒店形象和销售业绩方面进行模拟表演和竞赛。每组同学可据此制作视频，提高学习体验效果。

三、每组同学进行酒店前厅服务礼仪展示并制作视频。

拓展提升

1．如何成为"金钥匙"？

国际金钥匙组织起源于法国巴黎，自1929年至今，是全球唯一拥有80年历史的网络化、个性化、专业化、国际化的品牌服务组织。自1995年被正式引入中国以来，在中国已发展十余年，并覆盖到190个城市，1200多家高星级酒店和高档物业，2000多名金钥匙会员，金钥匙服务已被国家旅游局列入国家星级饭店标准。如何成为金钥匙？

扫描二维码登录了解"金钥匙"

2．酒店前厅接待大比拼

三名星级酒店接待服务员，挑战满意加惊喜的星级服务标准。精心策划的调包计，发现丢了钱着急的女顾客，最终矛头直指前厅接待服务员，选手如何让二位化干戈为玉帛？为要给女友惊喜的男士推荐昂贵的套房，安排浪漫晚餐，前厅接待如此做是热心还是逾权？

扫描二维码登录观看比赛实录

任务2 酒店客房服务

案例导入

— 爱心邮包 —

客房服务员小骆刚回到楼层，同事就告诉她“有位张先生请你到1113房去找他”。下班后，小骆敲开了1113房的门。开门的是一位40多岁的男子，小骆觉得他很面熟，却又记不起他是谁了。客人一见小骆便说：“你是骆小姐吧？谢谢你帮我将裤子寄到北京，你的服务真的很周到。这次，我本想住九楼，可惜没房间了”。

这时小骆才想起，两个月前，洗衣房送回903客人送洗的裤子时，房主张先生一早已经退房了。服务员小骆知道他很珍爱这条裤子，因为在送洗之前他特意说过这是好朋友送的，还说要住几天呢！可只住了一天，张先生就走了，客人走得这么急，一定是有急事，要不为何连珍爱的裤子都忘记带走呢？客人来自北京，而且这是第一次来广州，下次还不知道什么时候再来，怎么办呢？

小骆决定按照住宿单上的地址，将裤子寄给张先生。在邮寄裤子时小骆还附加了一张卡片，祝他合家幸福，工作顺意。于是就有了开头的那一幕。

张先生接着对小骆说：“那天我因有急事走得很匆忙，回家才发现裤子不见了，我都不记得遗失在那里了，正心疼不已。没想到却收到这份意外的惊喜。这次我到广州出差顺道来谢谢你。这是五十元，请你务必收下，就算作为邮费的补偿吧。”小骆不好意思地对张先生说：“这是我应该做的，欢迎您下次光临华天大酒店。”

讨论 ① 有人说酒店服务是即时服务，客人离开，服务终止。你赞同吗？对上述案例提供的售后服务，如何评价？

② 客人有遗留物品，如何处理？

③ 下午2点，房间挂着“请勿打扰”，如何处理？

④ 不知对方是否已婚，如何称呼？

扫描二维码登录学习

知识链接

一、客房部的地位和作用

客房部是酒店的主体，是酒店的主要组成部门，是酒店存在的基础，在酒店中占有重要地位。客房是酒店经济收入和利润的重要来源，是带动酒店一切经济活动的先锋，也是衡量酒店等级水平、服务质量和声誉的标准。

二、客房部员工的素质要求

（一）自觉性和纪律性

客房服务员在岗时，应自觉按照酒店有关规定，坚持洁身自好。不打私人电话；不与同伴闲扯；不可翻阅客人的书报、信件、文件等材料；不可借整理房间之名，随意乱翻客人的抽屉、衣橱；不可在客人的房间看电视、听广播；不可用客房的卫生间洗澡；不可拿取客人的食品品尝；不可接听房间的固定电话；不可把客人的隐私加以散播等。这些都是服务工作的基本常识，也是客房部工作的纪律。

（二）责任心和团队精神

客房部的服务工作劳动强度大而与客人直接打交道的机会少，客房部员工要有良好的心理素质和吃苦耐劳的精神，能够以高度的责任感从事自己的工作，完成好每天大量琐碎的工作。要善于与同事合作，营造分工明确、配合默契、心情愉快的并肩作战的工作氛围，为来自各地的客人提供温暖的“家外之家”，也为工作团队营造团结的酒店之家。

（三）体力和工作效率

客房部服务工作的任务相对来说内容较为繁杂，体力消耗大，客人要求标准较高，因此，要求客房部员工有充沛的精力和高效的动手能力。

客人对客房的要求是舒适、整洁、安全。而要做到舒适整洁，首先是搞好清洁卫生。房间和卫生间的卫生，这是客人对客房最基本的要求，也是客人最爱挑剔、最为讲究的。迅速把杂乱的房间整理得干净漂亮，是礼貌服务的物质依托。忽视了这一宾客对于房间的基本需求，其他的礼仪便无从谈起。而要保证客房能够达到舒适整洁的标准，就要求客房部员工付出巨大的努力，在辛勤的劳动中提高工作效率。

三、酒店客房楼层服务员岗位职责

酒店客房楼层服务员对楼层领班负责，从事客房清洁和服务方面的日常事务，给客人提供高水准服务。

（一）早班工作职责

（1）按程序清扫客房，确保符合标准。

（2）按标准，补充各种客用品和巾类。

（3）根据客人的实际消费补充各种饮品。

（4）填写有关工作报告表。

（5）保持公共区域卫生的清洁。

（6）正确处理客人遗留的物品，为客人提供洗衣服务。
（7）做好安全防火工作，确保工作区域内客人及财产的安全。
（8）满足客人各种合理的需求，做好客房的查房工作。
（9）保持各种服务工作处于良好状态。
（10）负责检查房间内各种设备是否工作正常。
（11）按顺序清理房间：先做VIP房、请即打扫房、退房、长住房、续住房、空房。
（12）下午2：00后，如仍挂着“请勿打扰”牌的房间，一定要通知领班。
（13）宾客信息反馈，及时向上级汇报。
（14）做好钟点房的清洁工作。
（15）做好工具的清洁保养。
（16）及时派入当日的报纸。
（17）面带微笑，用礼貌的语言及客人姓氏与客人打招呼。
（18）整理工作间、布草间、准备工作车，并对当日布草进行盘点与登记。
（19）每天在下班前要完成指定的工作，特别是房间保养工作。
（20）完成楼层领班分派的其他任务。

（二）中班工作职责

（1）为所有预抵和住客的房间提供服务，并把当日报纸派入房间。
（2）为客人提供免费擦皮鞋服务。
（3）清扫离店的房间，晚九点前清扫好的房间吸尘，九点后清扫房间交早班吸尘。
（4）保持工作间及楼面的清洁，并将所有垃圾倒掉，每周清洗吸尘器。
（5）客人有需维修的应该及时报修，并跟踪维修。
（6）清洗好当天房间取出的杯具、放入消毒柜消毒，准备明天的使用。
（7）按照公共区域计划保养要求，清洁公共区域。
（8）做好消防安全检查。
（9）有VIP客人需要站立服务。
（10）遇到突发事件、可疑人员要及时向上级反映。
（11）面带微笑，用礼貌的语言及客人姓氏同客人打招呼。
（12）完成上级安排的其他工作。
（13）检查空房，关闭房间空调。
（14）下班前检查好各项工作完成程序，做好记录，与下一班做好交接。

（三）夜班工作职责

（1）检查楼道，并收取客人门外的要洗衣物，留意在住客人动态，做好记录。
（2）检查楼层所有空房，注意酒水和物品是否齐全，做好记录。
（3）按照夜班工作程序严格操作。
（4）按规定的时间在楼层巡视。
（5）完成上级分派的其他工作。
（6）检查好离店房间工作。
（7）检查房间门锁是否锁好。

（8）把当晚发生的事情报告上级并做好记录。

（9）做好夜班循环保养工作。

（10）当班结束后与下一班做好交接工作。

四、酒店客房部员工礼节礼貌

（一）称呼客人的礼仪

（1）男士一般称“先生”，未婚妇女称“小姐”，已婚妇女称“太太”。

（2）对于无法确认是否已婚的西方妇女，不管其年龄多大，都只能称其“女士”或“小姐”。随着人们对礼貌礼仪的重视，不少企业要求职员称呼女性客人为“女士”。

（3）不知道客人姓氏，可称“这位先生”、“这位小姐”。

（4）称呼第三者不可用“他”/“她”，而要称“那位先生”/“那位小姐”。

（5）只有少数社会名流才能称“夫人”。

（6）对客人称“您的先生”/“您的太太”是不够礼貌的，应用姓氏称呼，如“陈先生”/“陈太太”。

（7）在称呼客人的名字时，一定要加先生或小姐、夫人二字，不许称呼××，或是使用客人的全名。

（8）对旅游业或酒店同行的称呼：贵公司、贵酒店。

（9）在客人面前对本店的领导的称呼：李总、田经理、林主任。

（10）对客人的父母、子女的称呼用令尊、令堂、公子、小姐。

（二）敬语服务礼仪

（1）欢迎语　欢迎光临/欢迎入住我们（××）酒店/希望您在这里过得愉快。

（2）问候语　您好/早上好/中午好/下午好/晚上好。

（3）祝愿语　祝您生日快乐/祝您旅途愉快/祝您玩得开心。

（4）告别语　再见/欢迎您下次光临/希望您经常到酒店来/请慢走。

（5）征询语　有什么可以帮到您吗？/我可以为您整理房间吗？/如果您不介意的话，我可以……吗？/还有什么可以帮到您吗？

（6）答应语　好的/是的/马上就来/不必客气/没关系/这是我应该做的/我明白了/为您服务是我的荣幸/很高兴为您服务。

（7）道歉语　不好意思打扰您/对不起/很抱歉/这是我们工作的疏忽/我们立即采取措施，使您满意/请不要介意/很抱歉造成您的不便/很抱歉延误了时间。

（8）答谢语　谢谢您的夸奖/谢谢您的建议/多谢您的合作/谢谢您的好意/感谢您的提醒/谢谢您的批评，我们今后一定多加注意。

（9）指路语　请这边走/请从这里乘电梯/请往左边拐。

（10）稍等语　好的，请您稍等/现在马上就来，请您稍候/对不起，让您久等了。

实训要求

1. 酒店客房部求职面试模拟。招聘客房楼层服务员、客房部领班、客房部经理等人员。

2. 比赛：全班同学分组，每组4～6人，组长由各组自定。每组分别扮演客房服务员接待客人。服务情景自定。每组同学在对客交流、提供细致周到的客房服务、培养忠诚顾客、建立客人档案、提升酒店形象和销售业绩方面进行模拟表演和竞赛。每组同学可据此制作视频，提高学习体验效果。

拓展提升

1. 英式管家在中国

2001年，北京和乔丽晶公寓送往世界公认的英式管家培训机构——荷兰国际管家学院的6名管家毕业归来，一度引起轰动。英式管家首度走入国人视野。什么是英式管家？带来的是什么样的服务？

2. 某知名酒店客房部工作流程与标准

几点开晨会？什么时候运送脏布草？托婴服务程序如何？夜床服务流程是什么？如何接待VIP客人？

扫描二维码登录了解马岳军一个管家的7年

扫描二维码登录学习客房部工作流程与标准

任务3 酒店餐饮服务

案例导入

—“牡丹厅”与“紫荆厅”—

一天晚上6位香港客人在一位小姐的引导下来到了二楼中餐厅。餐厅咨客马上迎了过去，满面笑容地说“欢迎光临，请问小姐贵姓？”这位小姐边走边说：“我姓王”。“王小姐，请问您有没有预订？”“当然了，我们上午就电话预订好了‘牡丹厅’。”咨客马上查看宾客预订单，发现确实有一位姓王的小姐在上午预订了“牡丹厅”，于是咨客就迅速把这批客人带进了“牡丹厅”。

过了半个小时，餐厅门口又来了一批人，共有12位客人，当领队的王小姐报出自己昨天已经预订了“牡丹厅”时，餐厅咨客发现出了问题，马上查阅预订记录，才发现原来今晚有两位王姓小姐都预订了厅房，而咨客在忙乱中将两组客人安排进了同一间厅房。餐厅咨客为了补错，立即就把客人带到了“紫荆厅”，客人进房一看更加不满意了。后来的王小姐满脸不高兴地说：“我们预订的是一张12人台，这是一张10人台的厅房，我们12个人怎么坐得下？”王小姐不耐烦地径直到“牡丹厅”一看，里面的客人已开席了，12人台只坐了7个人，咨客看了看这么多的客人，为这不恰当的安排而再次赔礼道歉，但是这12位客人怎么也不愿意坐进这间10

人厅房。“你们这么大的酒店，居然连预订都会搞错，还开什么餐厅！同意了我的预订就要兑现，我就要去牡丹厅，其他的厅房我都不去！今天我的客户很重要，这样让我多没面子，把你们的经理找来！”王小姐突然生起气来。“十分抱歉，这是我们工作的失误，这几天预订厅房的客人特别多，我们弄乱了，请你们先进房间入座，我们马上给你们加位好吗？”餐厅经理急忙过来好言好语地解释。“我们这么多人坐得如此拥挤，让我多没面子！好像我宴请朋友非常小气一样。”“对不起，这是我们的错误，今天客人太多，请多多原谅。”看着这群饥餐渴饮的客人进了紫荆厅房，经理和咨客才松了一口气，但看到这群客人坐得那么拥挤，咨客心里又过意不去，这正是因为自己工作失误带来的错误。

扫描二维码登录学习

讨论 ① 如何处理上述问题？

② 什么是“三轻一快”？

③ 为表示对客人的欢迎，应主动抱儿童？

④ 如何避免“跑单”？

知识链接

一、餐饮部在酒店中的作用和地位

餐饮部是酒店的重要组成部分，它不仅满足了客人对餐饮产品和餐饮服务的需求，而且作为酒店对客服务的窗口，为酒店带来了经济效益，更为酒店及其所在区域甚至国家树立良好的社会形象发挥着积极的作用。

餐饮部所管辖的范围包括各类餐厅、酒吧等传统的经营场所，如今大多数酒店的餐饮管辖范围已扩展至娱乐、会展等。所有这些餐饮经营场所和餐饮设施都是客人经常活动的地方，是人们进行政治交流、商务活动、社交集会的理想场所，餐饮部门经营管理的好坏、服务质量的优劣，往往关系到酒店的声誉和形象，进而影响客源。因此，餐饮部是现代酒店的重要组成部分。

一般来说，餐饮收入约占酒店营业收入的三分之一，经营得好的酒店其餐饮收入可与客房收入相当，甚至超过客房收入。虽然餐饮部原材料成本开支较大，毛利率不如客房高，但餐饮部相对于客房部来说，其初期投资和固定资产占用却要比客房部低得多。餐饮部为酒店参与市场竞争发挥了积极作用。

同时餐饮部的业务环节众多而复杂，从餐饮原材料的采购、验收、储存、发放到厨房的初步加工、切配、烹调再到餐厅的各项服务销售工作，需要各部门各岗位的许多员工配合和协调，才能发挥其职能作用。因此，餐饮部的多工种和用工量大的特点为社会创造众多就业机会。

二、餐饮部服务员素质和要求

（一）保持良好的职业形象

身体健康，精力充沛。外表端庄大方，注重个人仪容仪表，杜绝不良口气、体味。保持服装整洁，站立端正，步姿优雅，始终要保持亲切愉快的笑容，与客人有良好的目光交流，能及时发现客人所需并做出正确的回应，能够为酒店做好餐饮营销、建立客人档案、培养忠诚顾客。要有涵养。文明礼貌，热情待客。做到来有迎声、去有送声，耐心解答就餐者提出的问题。

（二）勤快高效有创意

餐饮部服务员要踏实肯干、细致、高效，专业技能熟练。注意“三轻一快”（走路轻、说话轻、操作轻、动作快）。做好包桌、零点的接待服务及卫生清扫工作。保持餐厅的卫生，做到无蚊蝇、无灰尘、无杂物、无异味，使餐具炊具清洁完好。做好开餐前的准备工作，检查餐厅设备、餐具是否完好使用，按照规范要求配备用具，布置台型、美化环境。严格执行服务规范和操作程序，掌握好上菜时机。根据菜肴种类按顺序上菜。要准确清楚的报上菜名，主动介绍饭菜特点，掌握上菜速度。主动工作、细心。客人就餐完毕视情况及时按工作程序收取就餐费用，记账单位应主动请有关人员签字，避免错收或“跑单”。客人离开后及时清点餐具物品，加快餐桌周转利用率。发现客人遗留物品应交餐厅领班或服务台，做好登记，尽快转交客人。在服务工作中不断总结提高，创造性地进行服务工作，使就餐客人满意加惊喜，增加酒店的利润和美誉度。

三、餐饮服务礼仪

（一）餐厅服务员的礼仪

（1）笑脸迎宾，自然大方并亲切问候：“您好！欢迎光临！请问一共几位？”如果是男女结伴而来，应先问候女宾，再问候男宾。对老人、小孩或行动不便的宾客，应主动上前照料。工作中要保持亲切的语音和声调。如有需要，可适当向客人介绍自己：“我是小林，您有什么需要，请尽管吩咐我”。“您们好！我是餐厅经理肖东，这是我的名片。有什么需要，欢迎联系我。”

（2）根据客人的不同情况把他们引入座位。如重要客人光临，应把他们引领到餐厅中最好的位置；夫妇、情侣就餐，应把他们引领到安静的位置；全家、亲朋好友聚餐，应把他们引领到餐厅中央；对老人、小孩或行动不便的客人应把他们安排在出入比较方便的位置。安排座位应尽量满足客人的要求，如果该座位已经被先到的客人占用，服务员应解释致歉，求得谅解，推荐其他较适合的座位。

（3）客人走近餐桌，服务员应按先女宾后男宾，先主宾后一般宾客的顺序用双手拉开椅子，招呼客人入座；客人入座的同时，轻轻推上座椅，使客人坐好、坐稳。

（4）为客人送上茶水，切忌用手接触茶杯杯口，不能求快贪图方便而一手抓几个茶杯的杯口。适时主动恭敬地递上菜单，不能随意将菜单扔在桌上。客人点菜时要耐心等候，不能催促，让客人有考虑的时间。点菜时，拿好纸、笔随时记录。如客人犹豫不决，服务员应当好参谋，热情介绍菜肴品种和特色。应注意语言艺术，礼貌委婉，不要勉强或硬性推荐，以免引起客人反感。如客人点的菜已经无货供应，应礼貌致歉，求得谅解，并提出恰当的建议。如客人点的菜，菜单上没有，不要拒绝，可以说：“请允许我与厨师商量一下，尽量满足您的要求。”客人点菜时，服务员应始终面带笑容，上半身略微前倾，身体不能靠在餐桌边，不能把手放在餐桌上，要认真倾听，准确记录，点菜完毕应复述给客人听，以便核对，避免出错。

（5）如有儿童就餐，可给儿童加上小凳，方便儿童入座。可适当称赞他们可爱、有礼貌，不宜称赞他们长得漂亮。不要碰触客人（包括儿童）的身体。

（6）如客人不慎掉落餐具，应迅速为其更换干净的餐具。

（7）如有客人的电话，应走近客人轻唤，或者递上纸条说明情况，不能在远处高喊。

（8）工作中不要站在餐桌旁让客人感到拘束或感到被偷听谈话。必须随时留意宾客的需要，保持必要的目光交流，及时应答客人的召唤，不能擅离岗位或与他人聊天，更不能对客人的需求视而不见、听而不闻。

（9）为客人斟酒上菜要讲究程序。上菜时手指不能碰及菜肴，每上一道菜要报菜名，再后退一步简要介绍其特色，说话时不能唾沫四溅。斟酒时手指不能触摸酒杯杯口，应按酒的不同种类决定斟酒的程度。倒香槟或冰镇饮料时，酒瓶应用餐巾包好，以免酒水滴落到宾客身上。

（10）客人吸烟，应主动上前点火。客人的物品不慎落到地上，应主动上前帮助拾起，双手捧上。

（11）对客人应一视同仁，生意不论大小都应服务周到。逢年过节，要对每一位客人致以节日的问候。

（12）应在全部客人离去后，再进行清扫，不能操之过急，否则有赶走客人之嫌。

（13）结账时，应把账单放在托盘中，正面朝下递给客人。客人付账后，要致谢。客人起身后，服务员应拉开座椅，并提醒客人不要忘记随身携带的物品。帮助客人穿大衣戴帽子，在餐厅门口与客人友好话别："再见，欢迎您再次光临。"

（14）餐厅服务员要与食物、餐具打交道，所以要对服务员的个人卫生严格要求。应穿着干净整洁的制服，勤洗澡，勤理发，勤剪指甲，勤刮胡须，勤刷牙，勤洗手，不佩戴首饰，不浓妆艳抹，不梳披肩发。在客人面前不掏耳朵，不剔牙，不当众化妆，不抓头发，不打哈欠，不掏鼻孔，不斜眼看人。如不得已要打喷嚏、咳嗽，应背转身体，用手帕遮住口鼻，并向客人致歉。工作前不吃有刺激气味的食品，最好工作前能洗澡、刷牙。

（二）餐厅常用礼貌用语

（1）迎客　"您好！欢迎光临××餐厅"。"欢迎您再次光临！"

（2）拉椅请座　"先生/小姐，请坐！"

（3）开位问茶　"请问您几位喜欢喝什么茶？"

（4）派餐巾　"先生/小姐，请用巾。"

（5）斟茶　"先生/小姐，请用茶。"

（6）复述客人所点酒菜　"先生/小姐，您点了……菜和……酒，请问还有什么需要吗？"

（7）问酒水　"请问您喜欢喝什么酒水？"

（8）斟酒水　"先生/小姐，您要的……酒水。"

（9）收茶杯　"先生/小姐，帮您收茶杯好吗？"

（10）上汤　"这是……汤，请慢用。"

（11）上菜　"这是……菜，请慢用。""您们的菜上齐了，请慢用。"

（12）更换骨碟　"先生/小姐，帮您换骨碟。"

（13）撤换菜碟　"请问，这个菜碟可以收走吗？"

（14）上水果　"这盘水果是酒楼……经理送的，请慢用。"

（15）饭后茶　"请用热茶。"

（16）征询意见　"请问用餐满意吗？""这是客人意见卡，欢迎您多提宝贵意见"，"感谢您的建议，我们会注意的。”

（17）结账　“请问哪位先生/小姐结账？”“盛惠……钱”“谢谢收到……钱。”“谢谢找回……钱。”

（18）送客　“谢谢光临！欢迎下次再来！”“请慢走。”

实训要求

1. 酒店餐饮部求职面试模拟。招聘餐厅服务员、酒吧服务员、餐厅领班、餐饮部经理等人员。

2. 比赛：全班同学分组，每组4～6人，组长由各组自定。每组分别扮演餐饮部服务员接待客人。服务情景自定。每组同学在对客交流、提供细致而有个性化的餐饮服务、培养忠诚顾客、建立客人档案、提升酒店形象、销售业绩、传播地方及国家文化等方面进行模拟表演和竞赛。每组同学可据此制作视频，以提高学习体验效果。

拓展提升

1. 如何寻找中国餐饮业制胜法宝？

餐饮业刮起的异域风是否是制胜法宝？印度风卖风情，泰国风卖快乐，中国风卖什么？谁是中国餐饮业龙头？谁能引领中国餐饮业发展？

2. 某知名酒店餐饮部工作流程与标准

中餐零点服务是什么？退菜应如何处理？西餐早餐服务与中餐有何区别？

扫描二维码登录了解中国餐饮业制胜法宝

扫描二维码登录学习餐饮部工作流程与标准

任务4　展台接待服务

案例导入

—展台服务人员的考验—

吉利汽车的展台礼仪历来受人瞩目。每次为征战国际车展，吉利集团都会从几万名报名者中层层选拔出北京吉利大学、三亚学院、吉利集团等百名学生和吉利集团员工，担任礼仪及现场服务人员。在正式开展前，他们还需完成为期六天的专项培训，培训内容包括企业文化、会展礼仪、谈判技巧等。

讨论 小丽想报名参加选拔，她需要从哪些方面进行准备？

① 如何才能成为出色的展台服务人员？

② 展台接待人员在展会现场手应放在哪里？

③ 展台接待人员应怎样跟客户打招呼？

④ 当客户问到你不知道的问题时，应如何应对？

扫描二维码登录学习高交会培训手册

一、展台接待的作用和地位

展台接待人员在展会期间直接与客户接触，代表企业形象，是企业在展会期间的形象代言人。企业能否在展会中取得成功，很大程度上取决于展台接待人员的素质。

展台接待人员是整个展位的灵魂人物，肩负的是将企业品牌、公司文化和产品直接传递给与会观众。一般应在公司的销售部门、信息部门、技术部门、生产部门中抽调精兵强将，组成一支高效率的团队。轻易不要选择新人。

在正式开展前，需对其进行专项培训。培训目的是使展台接待人员了解展览目的，掌握展台工作技巧，培养合作精神。

培训内容包括对观众接待、贸易洽谈、资料散发、公关工作、新闻工作以及后续工作等各项工作进行分工，提出要求。接待人员清楚明白工作时间、轮班安排、每日展台会议、记录管理等工作任务。

二、展台接待人员的素质和要求

展台接待人员需要性格外向，积极乐观，善于沟通，具有感染力，方才适合负荷重、压力大、业务开拓性强、市场情况多变的展台服务工作。展台接待人员的工作职责包括：接待客户、介绍展品、操作示范、礼物发放、现场销售等。

（一）知识储备

1．展品

美国贸易展览局曾做过一项调查，调查结果显示94%以上的参观者认为展品知识是展台人员应具备的最重要的知识。具体包括展品的市场现状、销售渠道、销售规模、竞争品牌、产品定位等，还有质量、颜色、风格、尺寸、外观、设计、性能、技术规格、贸易标准，以及运输包装、消费包装、保护要求、说明要求等。

若展台接待人员对展品不熟悉，直接影响展览成交效果。展台接待人员必须充分熟悉展品，掌握展品的展示技巧，能够应对客户的问题，解决客户的需求。

2．展会

展会情况，包括名称、地点、展出日期、开馆闭馆时间、场地平面、展馆位置、出入口、办公室、停车场、餐厅、厕所位置等。

接待人员还应了解本单位在展会当天举行的活动以及会展主办方的安排，包括开幕式、记者招待会等。

3．展台

展台情况包括展出意图、展出目的、目标观众、展台位置、展台序号、展台布局、展出工作的整体安排等。

4．竞争者

竞争者情况包括主要竞争对手和其他供应商，包括外国和当地供应商的名称、供应量、市场占有率、优势及弱势、商标及专利问题、市场主导产品的特性、市场主导公司成功的原因、各供应商市场增减情况、市场价格等。

5．目标客户

展会现场接待的对象分为重要客户、潜在客户、现有客户、普通观众等。展台接待人员应事先了解重要客户。若发现重要客户现身展场，应给予特别的接待。接待好现有客户，维持客户关系，是展会的重要功能。当然，也不能忽视任何潜在客户，展台接待人员需在培训阶段便熟悉参展商的客户清单。

（二）整体形象

1．仪容

一般情况下，要求展台接待人员统一着装。男士统一着西装，打领带，白色或单色衬衫，深色袜。女士着套装，内穿衬衫或吊带，深色丝袜。全身三种颜色以内。特别提醒，女士袜子不可出现破损，准备一双备用丝袜。

头发需梳洗干净，发型要朴素大方，男士头发不宜过长，女士要将头发盘起，干净利落。男士要求短指甲，保持清洁。服装和鞋子干净如新。女士化妆应给人清洁健康的印象，化淡妆，不用涂抹鲜艳的唇膏，使用清淡香水。女士涂指甲油时须自然色。尽量不佩戴其他饰品。全身饰物不超过三件。

在大型的展会上，参展单位若安排专人迎送客人时，最好穿色彩鲜艳的单色旗袍，并胸披写有参展单位或其主打展品名称的大红色绶带。全体工作人员皆应在左胸佩戴写明本人单位、职务、姓名的胸卡，礼仪小姐可例外。

2．站姿

展会期间，展台接待人员无精打采地背倚在墙上，或坐在椅子上，会直接降低观众对其展台的关注度。展台接待人员需保持向观众提供服务的最佳状态。站姿要求端正、自然、稳重。男士站立时，双脚与肩同宽；女士站立时，双脚呈“V”字形，双膝靠紧，两个脚后跟靠紧；站立时要防止重心偏左或偏右。站姿的训练方式是身体靠墙，上身正直，头正目平，脸带微笑，微收下颌，挺胸收腹，腰直肩平，两臂自然下垂，两腿相靠站直。

迎宾时的站姿要求采用上述谈到的基本站姿，双手相叠于腹前丹田处，以示对他人的尊重。观众经过时，展台接待人员要面带微笑，并向观众行欠身礼或鞠躬礼。为观众服务时，头部可微微侧向观众，但一定要保持面部的微笑，手臂可以持物，也可以自然下垂。在手臂垂放时，从肩部至中指应当呈现出一条自然的垂线。忌身躯歪斜、弯腰驼背、趴伏倚靠、双腿交叉、半坐半立、浑身乱动。

3．眼神

展会现场，观众路过展位，展台接待人员应报以善意的笑容，并且投以诚实、可信的目光。通过微笑和眼神把友善、热情表现出来，不卑不亢，落落大方，不能假笑、冷笑、怪笑、媚笑、窃笑。用最生动的眼睛说出最动听的话，没有什么比你看着对方的方式，更能说明信心。

微笑是最富有吸引力、令人愉悦的表情。微笑的训练方式是放松面部肌肉，双颊肌肉向上抬，发“一”、“七”、“子”音，用力抬高口角两端，下唇不要用力太大。

可靠、亲切、善意、值得信赖的目光，给予观众安全感，让观众坚定与你继续沟通的决心。眼神的训练方式是用一张厚纸遮住眼睛以下部位，对照镜子，调动感情，通过回忆美好情景使笑容发自内心，之后鼓动双颊，嘴角两端做出微笑的口形。此时，眼睛露出自然的微笑，然后再放松面肌，嘴唇恢复原样，目光仍含笑脉脉。

展台接待人员还需观察观众，从他对你眼神的回应来判断，是否进一步沟通。当他回应你的眼神，证明可继续交流；当他回避你的眼神，证明他不想受干扰，此时不必说过多的话，让观众自行选择。另外展台接待人员通过观众的穿着、人数、组合、动作等，筛选目标客户，即确定观众的类型是进出口商、制造商、批发商、经销商或是零售商。切忌因为观众穿着随意就低眼看人。

4. 手姿

展会中，手的摆放困扰很多展台接待人员，是放在裤兜里，背在身后，交叉放在裤裆前，还是双臂抱在胸前。手势代表一种姿态，传递一种态度。上述罗列的各种手势皆可解读为不想做事、消极怠工。建议展台接待人员手中持物，如可拿着一份宣传单或观众满意度调查表，不可拿一大叠，否则会被误认为派发宣传资料的。如果可能，可拿小型、轻便展品，一是可以吸引观众注意力；二是可随时为观众演示展品。

展台接待人员的手势要求彬彬有礼，优雅自如。接待时，手势不宜过多，幅度不宜过大。

递送材料时，双手递物于人最佳。不方便双手并用时，也要采用右手。以左手递物，通常被视为失礼之举，尤其是对亚洲国家的观众。

展示展品时，应使展品在身体一侧展示，不宜挡住本人头部。掌心向上，四指并拢，拇指自然张开，以肘关节为轴，前臂自然上抬伸直。具体而言，一是将展品正面面对对方，举至高于双眼之处。这一手位适用于被人围观时采用。二是将展品举至双臂横伸时，自肩至肘之处，其上不过眼部，下不过胸部，此手位易给人以安定感，便于他人看清展示之物。当四周皆有观众时，展示展品还须变换不同角度。动手操作时，应手法干净、利索，速度适宜，并经常进行必要的重复。要注意展示时不妨碍其他摊位，不侵占走道。

手姿的训练方式是五指伸直并拢，掌心斜向上方，腕关节伸直，手与前臂形成直线，以肘关节为轴，弯曲140度左右为宜，手掌与地面形成45度。

三、展台服务要求

当观众走近自己的展位时，不管对方是否向自己打了招呼，接待人员都要面带微笑，主动向对方说：“您好！欢迎光临！”随后，还应面向对方，稍许欠身，伸出右手，掌心向上，指尖直指展台，并告知对方：“请您参观”。随之向观众介绍参展商的展品和服务。当观众离去时，工作人员应当真诚地道以“谢谢光临”或“再见”。

这是展台接待人员的基本礼仪，但展台接待人员的语言沟通不能仅限于背台词、走过场，而是要根据观众特性，融合营销策略，主动地与人攀谈，提供个性化服务。

（一）善于提问

展台接待一开始尽量使用简短的沟通方式，切忌腹泻式推销，内容宽泛，时间冗长，长篇大论易给观众带来听觉疲劳，甚至引发腻烦的负面情绪。建议采用提问式，使得交流可以延续。提问类型不要采用封闭式提问，如“随便看看？”“要不要产品目录？”“您有什么需要？”“您喜欢这次展会吗？”“您对我们公司熟悉吗?”等。而是以开放式问题，突出展品优势，利于话题深入，不拘泥于简单的是或否。

常见的开放式问题有：“您怎么会来参观这场展览呢？”“您对某产品熟悉吗？”“您用过某品牌的产品吗？”“您是看日化线还是专业线？”“您希望某展品可以节省时间、钱还是力气？”“哪些地方是您向往的旅游胜地？”“您在……方面最迫切的需要是什么？”“哪些方面的信息是您希望得到的？”等。

上述问题没有固定套路，但皆在挖掘观众兴趣点，突出展品优点，促使展台接待人员与观众进一步沟通交流。尽可能让观众谈他们自己或他们的工作与爱好，这样便于根据观众的特点介绍一些与行业相关或与产品相关的信息，适时地强调展品的优势和优惠政策。

（二）有效倾听

展台接待人员经过展前培训，对展品、公司文化等了如指掌，容易过分热情地宣传自己的企业和展品，忽略倾听的重要性。而通常购买行为是建立在人际关系和信任的基础上，腹泻式推销以自我为中心，忽视了观众的内在需求。

展台接待人员要注意以观众为中心，以客户为焦点，把80%的注意力放在倾听观众需求上，学会专注而有意识的倾听。耐心地听观众自己讲对产品的需求以及特别的要求，千万不要在一开始就大谈自己的公司，自顾自滔滔不绝，或粗鲁地打断观众讲话。展台接待人员要针对观众的需要介绍相应的内容，适当地向观众展示展品实物，以及讲解生产工艺等，这样才能对成交产生积极的推动作用。

学会倾听，从中捕捉细节，是尊重客户、赢得客户的有效之举。但也要学会分辨有效观众，不要在只收集宣传资料和印刷品的人、只为赢得或收取纪念品的人、商业间谍和绝大部分非专业观众上浪费太多时间。故通过倾听观众的言谈，判断观众的关注点，选择不同的服务策略。

（三）推销技巧

通过提问和倾听，展台接待人员了解了观众的基本购买动机，与观众之间建立了初步联系，接下来需要为他们提供有用的展品信息，促成交易。

展台接待人员需要学习FABE推销法，F指展品特征，A指由这一特征所产生的优点，B指这一特点能带给客户的利益，E指可靠证据。一般展台接待人员事先需熟记展品的质量、性能、价格、包装、原料、服务等，再根据观众现场提供的信息，运用逻辑思维分析观众需求，对上述要素进行排序、裁剪、加工、重组，根据观众需求把信息提供给他们。以客户利益为重，在提供有利证据的前提下，着重强调展品的特征和优点，使观众认为言之有理从而乐于接受。注意扬长避短，强调人无我有、人有我精之处。必要时可邀请观众亲自动手操作，或为其现场示范。

展台接待人员要注意聚焦展品特色，言简意赅，条理分明。切忌不要尾随观众兜售展品或强行向观众推介展品。同时不要批评对手，公平合理地争取交易机会，留下观众名片，约定下次会见时间，处处展示专业风采。

讲解时注意语言流畅，语调柔和，声音清晰，善于使解说围绕参展商与观众的双向互动，时刻大力宣传参展单位的成就和理念，使得观众对其给予认同和信任。

（四）现场记录

展台接待人员在展中要详细记录每个到访观众情况，便于展后有针对性地进行跟踪服务。

具体包括到访展位的日期、交谈内容、洽谈结果、观众基本信息（姓名、性别、职位、地址、行业、公司形态、回国日期等）、观众对展品的需求、展品报价、取样信息等，需特别留意观众是通过何种途径了解到参展商，方便展后沟通。

展台接待人员可借助特殊符号注明来访观众的重要程度，记录对观众做出的承诺，如展后赠送礼品等。通过收集名片、填写登记表格的方式，建立目标客户档案。

（五）常用礼貌语言

（1）欢迎用语　“欢迎！”、“欢迎光临！”、“欢迎您的到来！”、“见到您很高兴！”、“恭候您的光临！”等。

（2）寒暄用语　“今天天气不错”、“天气开始暖和起来了”、“天气开始冷起来了，您要注意啊！”、“下那么大的雨，您还特意来，辛苦了！”等。

当观众再次到来时，可在欢迎用语之前加上对方的尊称，如“×先生，真高兴再次见到您！”、“欢迎您再次光临！”等。

（3）感谢用语　“谢谢！”、“大老远跑到这儿来，真是太感谢了!”、“多谢您的帮助。”等。

（4）送别用语　“再见”、“慢走”、“走好”、“欢迎再来”等。

（5）应答用语　“是的”、“好”、“很高兴能为您服务”“好的，我明白您的意思”、“我会尽量按照您的要求去做”等。

（6）有事离开客户时　“对不起，我离开一下，马上就回来。”、“抱歉，请稍等一会儿。”、“麻烦您等一下。”等。

（7）被客户催促时　“对不起，马上就好”、“请再等一下”、“让您久等了”、“对不起，让您等候多时了。”等。

（8）被客户问住了　“不好意思，我去问一下，请稍等”、“我有点搞不懂，让我去问一下经理。”等。

切忌出现“不知道”、“做不到”、“不归我管”、“我忙着呢”、“问别人去”、“别乱动”、“弄坏了你赔”等用语。

特别是处理观众抱怨时禁用“我觉得没有问题”、“我不负责”、“请您冷静点”、“这种问题连三岁小孩都会”、“不可能，绝不会有这事”、“这不关我的事，去问工厂（去找经理）”、“这个问题我不清楚”、“这要求没办法满足”、“你搞错了”、“你误会了”等。

多用以下用语“让我想想看”、“抱歉，请您稍候”、“我会尽力的”、“我真的很抱歉看到……”、“我会给您回电话的”、“我能做到的是……”、“让我们看看这件事该怎样解决”、“我理解您的感受”、“我帮您把此事反映给经理，好吗？”等。

实训要求

1．模拟展会前，展台接待人员基本技能培训。具体包括微笑、眼神、站姿、坐姿、手姿、握手的方式。

2．国际美博会现场，假设你是某知名化妆品品牌的展台接待人员，负责为自己公司的展品作介绍，有位观众走近你的展位，你会如何设计开场白？请尝试设计三种不同的开场白，并说出它们的优点。

3．自设特定展品，如饮料、楼盘、电脑均可，拟写解说词。分角色扮演（参展商、专业观众、无效观众、客户经理、展台接待人员等），演绎展台沟通环节。具体包括：准备、接近、介绍、登记。

拓展提升

1．车展礼仪培训实录

车展与其他展会有何不同？如何成为出色的展台服务人员？除了外形出众，专业素养也很重要。

2．外贸参展全攻略

怎样判断无效观众？资料什么时候发放合适？如何在最短时间内抓住客户的关注点？

扫描二维码登录观看车展礼仪培训实录

扫描二维码登录学习外贸参展全攻略

项目三

仪式礼仪

■ 学习目标

1. 了解仪式礼仪的基本内容
2. 掌握仪式礼仪规范
3. 掌握仪式服务流程
4. 了解专题活动程序

■ 情境描述

YY展览服务有限公司承接了某商贸集团公司20周年大型庆典活动。按照集团公司的要求，此次庆典活动分为公司新总部落成剪彩仪式、公司新产品发布会、新老客户联谊茶话会三个部分。邀请的嘉宾有本市领导、商界名流、公司战略伙伴、公司高层领导、职工以及新老客户。

YY展览服务有限公司市场部陈部长负责本次活动礼仪服务项目。他准备招募一批礼仪及现场服务人员，请为他策划本次招募活动并组织相关培训。

任务1 会议服务

案例导入

— 表彰大会的尴尬 —

年末某企业召开表彰大会，百名员工悉数到场。会上有一项重要议程是表彰企业年度优秀员工共10名，由企业高层领导、董事会成员亲自颁奖，以此激励员工。

到了此项议程时，主持人宣布获奖名单，由于10名员工分散坐在不同区域，上台显得有些混乱，时间也延误不少。而一早准备的颁奖音乐也早已停止，气氛有些尴尬。主持人请企业高管上台颁奖，意外又发生了。由于10名员工未按主持人念到的名单依次上台，准备好的奖状全然不能对号入座，高管和员工在台上重新确认对应的奖状，而在没有音乐、没有主持的状态下，台上声音传入台下，引起一片哗然。

扫描二维码登录学习会议礼仪

讨论 ① 此次会议问题出在哪里？

② 40人会议应配备几名服务人员？

③ 茶杯应怎么放？

④ 室内温度、湿度调至多少度？

⑤ 隔多长时间续水合适？

知识链接

会议礼仪指召开会议前、中、后服务人员需注意的事项。会议服务人员需要掌握会议服务礼仪规范，能根据不同的会议内容，做好准备工作，熟悉会议中、会议后的接待工作。

会议服务人员要有热情周到的态度、敏锐的观察力、良好的沟通能力和危机突发事件处理能力。上岗期间必须佩戴工作证牌。要注重个人的仪容、仪表，男服务人员胡须应修剪整洁，头发修剪整齐，不能过长。女服务人员淡妆上岗，且与年龄、身份相符。

接待时注意力集中，精神饱满，彬彬有礼，展现良好的精神状态，无疲劳状、忧郁状和不满状。微笑服务，态度诚恳、热情、周到。立姿端正，抬头、挺胸、收腹、双手自然下垂。行走步伐有力，步幅适当，节奏适宜。举止规范礼貌，避免在客户面前打哈欠、伸懒腰、打喷嚏、挖耳朵等不文雅行为。与领导、客人交谈时，要神态专注，表情自然，表达得体，不得背手、袖手、抱手或抄手，不要左右晃动和抓耳挠腮。

一、会前准备工作

会前准备工作主要是根据会议主题进行合理安排，包括会场四周的装饰和坐席的配置等。

（一）会议资料

与会议相关的材料主要有议程表和日程表、会场座位分区表和主席台及会场座次表、主题报告、领导讲话稿、其他发言材料、开幕词和闭幕词、其他会议材料等。应整理好后放在文件夹中发放给与会者，方便其阅读和做好发言准备。

注意数量上要准备齐全，配备相应的笔、笔记本、宣传资料、资料袋，每人一份。

（二）座次安排

国际惯例遵循“以右为尊”的原则。政务礼仪，主席台座次则讲究前排高于后排，中央高于两侧。小型会议遵守面门为上、以右为尊、自由择座的原则。大型会议则先考虑主席台、主持人、发言人的座次。会议秘书的位置原则上是在大会入口处，易于进出。

（三）会场布置

会场的布置要有会议的特色，场内各种标志要显著、明确、统一，确保在洗手间、餐厅、房间等处都有会议标志，充分强化会议的自有特色，表明这些区域都是为此次会议准备的，让与会者感觉有亲和力。

会场装饰包括横幅、会徽、台幕、标语、会标、桌签、坐签、旗帜、花卉。高档会议还需讲究色调、灯光、气味。灯光不要太强，柔和淡雅的灯光让人有安定的感觉。主席台上下光线反差不要太大，这样主持人或发言人才能及时了解台下的情况。

麦克风与音箱保持合适的距离及方向，降低会议室的回声。会场四周的景物色彩、桌椅颜色等，一般忌用“白色”、“黑色”之类的色调，宜采用浅色调。摄影背景（背景墙）不宜挂有山水画等景物，不利于图像质量的提高。

（四）茶水服务

入场前一小时蒸上毛巾。垫盘、茶杯的花色图案要正对与会者，茶杯把手向里呈45°角，确保摆放得整齐美观。茶具不得有破损，茶杯要按会议人数配放，同时准备适量备用杯。对茶杯进行检查时，用右手指的背面轻靠一下杯子，即可知道是否有水，发现空杯、裂杯、渗水要及时处理。检查开水煲、咖啡机、保温瓶等器具是否完好，在会议开始前30分钟将水灌满备用。会议开始前10分钟，茶杯点水润茶，铺好托盘，摆好茶杯，做到人到茶到，茶量适当，浓淡可口，凉热适宜。

如有水果供给，需事先洗净、切好、装盘、摆放整齐。点心也需精心挑选，事先摆好、装盘、摆放整齐。各项用品均在会议前30分钟准备妥当。

应提前做好服务人员安排，40人以下的会议配2名茶水服务人员；40～80人会议配3名茶水服务人员；80～120人会议配4名茶水服务人员；200人会议配6名茶水服务人员。

（五）会前检查

会议正式开始前一小时，开展一次全面而细致的检查。对在准备工作阶段考虑不周或没有落实的地方进行补救，及时发现问题以便做出调整。

重点检查会场卫生，桌面、抽屉、座椅、地面、门窗等是否打扫干净，检查面巾纸、洗手液配备情况。会场入口有无安放会议指示牌，室内座位牌是否摆放整齐。检查照明、空调、音响、话筒、投影仪等设备。

开会前30分钟，打开冷气，调节室内温度，使会场温度适宜。通常冬季室温不高于22℃，不低于18℃；夏季室温不高于26℃。湿度保持在60%～80%。

二、会中服务工作

会议开始后，坚守岗位，站姿端庄大方，精力集中，认真观察场内动静，如有行动不便者，要迅速前往照顾。严守职业道德，不得将会议中领导讲话、会议内容私自外传，不得录音。无关人员一律退场，保持场内秩序井然。会中休息时，及时打开门帘，服务与会者出入。

（一）签到

签到处要设在会场入口处较为宽敞的地方，以免出现拥挤现象。室外举行的会议，签到处设在主席台一侧，设有醒目的标志。

向客人递签字笔时，应脱下笔套，笔尖对自己，将笔双手递上。签到本要精致些，以便保存。如需要发放资料，应礼貌地双手递上。服务人员应经常向会议组织者汇报到会人数。

（二）引导

与会人员到来时，服务人员要精神饱满、热情礼貌地站在会议室的入口处迎接，使用正确的规范手势，保持良好的身体姿态，配合恰当的面部表情。熟悉会场区域座号，快捷地引领与会人员就座。主动搀扶、照顾年老体弱者入座、站立、投票、入厕等。

引领时右手抬起，四指并拢，拇指与其余四指自然分开，手心向着客人，走在与会者左手侧前方，遇到拐弯处要有手势指引并说："这边请"。不能自顾自地走，要时时照顾到与会者。对重要领导应先引入休息室，由企业领导亲自作陪，会议开始前几分钟再到主席台就座。

（三）奉茶

先宾后主，双手端茶从与会者右手边上茶，将茶杯轻放至与会者的右边，茶柄调整于与会者的45度位置。端放茶杯动作不要过高，不可从与会者肩部和头部上越过。

上茶结束后，礼貌退出，并视情况在门外适当等待2～5分钟，以防有特别需要。原则上每30分钟添加茶水一次。一般续水三次后重新泡茶。

切忌用一只手上茶，也不要用左手。切勿手指碰到杯口。为与会者倒第一杯茶时，通常不要斟得过满，以杯深的三分之二处为宜。把握好续水的时机，不得妨碍宾客交谈为佳，也不能等到茶叶见底后再续水。

续水要领为左手拿热水瓶。右脚插入椅挡，站在两个椅脚的中间。右手无名指和小指夹起杯盖，其余三指握住杯柄。倒水时步态平稳，动作协调。瓶口不要碰杯口。不可直接不端茶杯倒水或把杯盖口放在桌上。使用礼貌用语"请喝茶"。

（四）应急服务

服务人员随时做好准备，时时留意音响设备运行状况，注意会场空调温度的调节，发现问题及时上报。

（五）后续服务

做好统计工作，安排布置好会后事宜。

三、会后服务

（一）送客

提醒与会者带齐自己的东西。服务人员及时打开通道门，站立两侧，礼貌送客，微笑点头，说"再见"、"慢走"等礼貌用语。

（二）清洁

及时清理会议文件，若发现有遗留物，迅速与主办单位取得联系。清扫卫生，桌椅归位，撤下会议所用之物，分类码放整齐。关闭电源，关好门窗，再巡视一遍，确认无误后撤出关门。

（三）评估

编发简报及新闻。及时填写“会议服务意见单”，收集主办单位、与会代表、服务人员等多方意见，总结工作，改进服务。

实训要求

1. 某药品企业准备召开新春客户联谊会，由白云国际会议中心承办此次会议。以小组为单位，模拟会议准备，包括确定与会代表、会议时间，起草会议通知、开幕词、议程表、闭幕词；现场服务，包括签到、接待、奉茶、投诉处理等环节。

2. 谈谈你参加过的高级会议，探讨独具中国特色的会议文化。

拓展提升

1. 高效会议管理技巧

会议成本如何计算？怎样组织高效会议？会议几点开，在哪里开，开多长时间最合适？

2. 开会就要学三星

20世纪90年代三星崛起，李健熙发起“三星会议文化改良”，建立良好的会议文化，摒弃官僚作风。

扫描二维码登录学习高效会议管理技巧

扫描二维码登录学习三星的会议文化

任务2 谈判

案例导入

— 与德谈判 —

国内一家企业与德国一家企业进行业务谈判。国内企业代表叶梦一早来到谈判现场，按照她的要求，现场布置得颇具中国风，有小桥流水，还有古筝伴奏，她自己也特意穿上旗袍。德国企业代表到了，误以为到了高档会所。开始谈判前，叶梦为了缓和气氛，特意准备了一首古筝音乐欣赏，介绍了下中国文化，这让准备谈判完就搭乘飞机回国的德国代表坐立不安。正式谈判时，叶梦一口气把自己准备的内容全说了出来，并想立即签订合同。德国代表几次想打断她，都出于礼貌没有出声。到德国代表表达意见时，叶梦极不耐烦地表示拒绝。结果双方不欢而散。

讨论 ① 叶梦经过了精心准备，谈判为何失败了？

② 谈判现场应如何安排主方、客方座次？

③ 穿哪种颜色的西装在谈判场合最具说服力？

④ 谈判时，手心在上还是在下？

扫描二维码登录学习商务谈判的礼仪与风度

知识链接

谈判又称会谈，它指的是相关方为了各自的利益，进行有组织、有准备的正式协商及讨论，以便互让互谅，求同存异，以求最终达成某种协议的整个过程。谈判礼仪指的是谈判过程中遵循的行为准则和交往规范。

一、谈判前的准备工作

（一）迎客

当客方抵达某地时，主方要选派级别相当的人员或人数前往车站、码头和机场迎送。交通工具、食宿安排均需符合规格。食宿上既要事先准备妥当，也要尊重对方意见。

在迎客时，主方应先走上前去向客方握手，进行自我介绍。自我介绍时，要介绍清楚自己的姓名、身份、职务等。在主方作自我介绍之后，还要为在场的其他人逐个进行介绍，注意先后顺序，先介绍年长者和身份较高者再介绍年轻者和身份较低者，先介绍女性再介绍男性。如果双方以前有过较好的合作或私人关系比较密切，可以先作寒暄，而后再向别人介绍。在熟人间寒暄时，要注意控制时间和寒暄的亲热度，否则会给周围人以冷落之感。

二人并行（坐），右为尊，左为次。三人并行（坐）时，中者为尊，其次为右者，再次为左者。因此，在引导对方洽谈人员行走时，主方人员应在客人的左前方，以示尊重。三人前后行时，前者为尊，其次为第二人，再次为第三人。上楼梯、车、进出办公室、进出电梯时，应该让尊者先行，有女士在场应让女士先行，但是下车、下楼、出电梯等存在不安全因素时，则应尊者在后。

公事陪车时，凡是乘坐轿车，上车时应先让尊者从右车门上车，陪车人员应在关好门后再从车后绕到左门上车，坐在尊者的左边。右侧为尊，左侧次之。

（二）会场布置

在正式谈判中，谈判室布置以高雅、宁静、和谐为宜，环境安静，没有外人和电话干扰，光线充足，室温适宜，装饰陈设简洁、实用、美观。墙上可悬挂山水、风景画或挂毯作为装饰，还可放置些绿色植物或盆花作为点缀。

小规模谈判还可在会客室，有条件的话最好安排二三个房间，一间作为主要谈判室，另一间作为双方进行内部协商的密谈室，再配一个休息室。

举行正式谈判时，有关各方在谈判现场具体就座的位次，有非常严格的要求。总体上分为以下两种情况。

1. 双边谈判

双边谈判，指的是由两个方面的人士所举行的谈判。此类谈判较为常见。双边谈判的座次排列有以下两种形式。

（1）横桌式　横桌式座次排列，是指谈判桌在谈判室内横放，客方人员面门而坐，主方人员背门而坐。除双方主谈者居中就座外，各方的其他人士则应依其具体身份的高低，各自先右后左、自高而低地分别在己方一侧就座。双方主谈者的右侧之位，在国内谈判中可坐副手，而在涉外谈判中则应由译员就座。如图3–2–1。

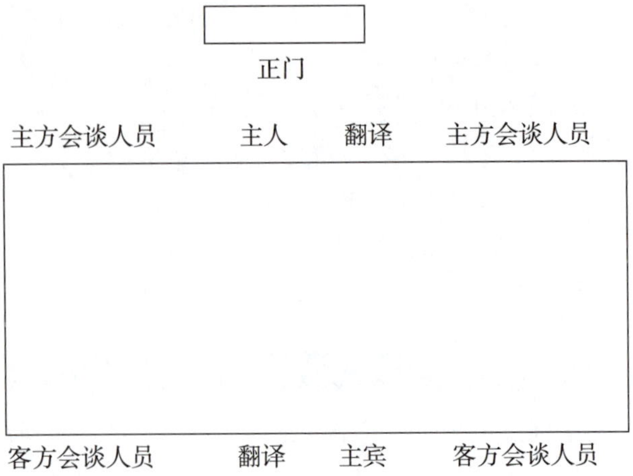

图3–2–1　横桌式座次图

（2）竖桌式　竖桌式座次排列，是指谈判桌在谈判室内竖放。具体排位时以进门时的方向为准，右侧由客方人士就座，左侧则由主方人士就座。在其他方面，则与横桌式排座相仿。

2. 多边谈判

多边谈判，指由三方或三方以上人士所举行的谈判。多边谈判的座次排列有以下两种形式。

（1）自由式　自由式座次排列，即各方人士在谈判时自由就座，无须事先正式安排座次。

（2）主席式　主席式座次排列，指在谈判室内面向正门设置一个主席之位，由各方代表发言时使用。其他各方人士，一律背对正门、面对主席之位分别就座。各方代表发言后，亦须下台就座。

（三）仪容

参加谈判时，一定要讲究自己的穿着打扮，着装适合谈判环境，要正式、庄重而整洁。衣着式样和颜色应保持大方稳重。切不可“摩登前卫”、标新立异。不要佩戴一些代表个人身份或宗教信仰的标志。不要戴太阳镜或变色镜。不要佩戴太多的饰品。参加谈判前，应认真修饰个人仪表，尤其要选择端庄、雅致的发型。头发一般不宜染彩色。

心理学家指出，黑色西服最具说服力，最能体现自信形象，深蓝色、铁灰色次之。在商务谈判场合，男性应穿深色（蓝、黑、灰、棕）的三件套或两件套西装，白色（或与西装同色系）衬衣、打素色或条纹领带，配深色袜子和黑色皮鞋。不应穿着茄克衫、牛仔裤、T恤衫、旅游鞋、凉鞋等休闲服装出席。除结婚戒指外，一般不戴其他首饰，最好能戴上一款有品位的手表，既能掌握时间，又是最好的装饰品。

出席商务谈判的女性，切忌穿得太紧、太透、太花、太露、太短的休闲装或牛仔装、运动装，也不要佩戴太多的首饰，否则既显得没有教养，也显得没有品位。端庄、典雅的深色西服套裙是商界女性出席谈判场合的最佳选择。以体现着装者的稳重、端庄，配上肉色的长筒或连裤丝袜和黑色的高(中)跟鞋。与服饰配搭，适当点缀一两件首饰或胸针（花）、丝巾等。女士化妆应当淡雅清新，自然大方，不可浓妆艳抹。

二、谈判过程中的礼仪

举行正式谈判时，谈判者尤其是主谈者的临场表现，往往直接影响到谈判的现场气氛。谈判期间，每一位谈判者都应当自觉地保持风度，做到心平气和，处变不惊，不急不躁，冷静处事。

（一）入座

主方准时迎候。主方人员应先于客方到达谈判地点，当客方人员到达时，主方人员在大楼门口迎候，亦可指定专人在大楼门口接引客人，主方人员只在谈判室门口迎候。

双方由主谈人介绍各自成员，互相握手、问候、致意。然后由客方先行进入谈判室或宾主双方同时进入谈判室，主方人员待客方人员落座后再坐下。

重要的谈判在正式开始前，双方作简短致辞，互赠纪念品，安排合影后再入座。赠送礼物要恰当，不能过于贵重，以免令人怀疑有陷井。合影位置排列，通常主方主谈人居中，其右侧是客方主谈人，客方其余代表依次排列，主方其余代表一般站在两端。

双方人员入座后谈判正式开始，这时非谈判人员应全部离开谈判室。在谈判进行中，双方要关闭所有的通信工具(或调到静音)，人员也不要随便进出。

（二）仪态

谈判的姿态动作对把握谈判气氛起着关键作用。目光注视对方时，应停留于对方双眼至前额的三角区域正方，这样使对方感到被关注，觉得你诚恳严肃。手心冲上比冲下好，手势自然，不宜乱打手势，以免造成轻浮之感。切忌双臂在胸前交叉，那样会显得傲慢无礼。

（三）言谈

谈判人员要求态度友好、和善，面带微笑，表达准确，口齿清晰，言辞有礼，要多用敬语和谦语，尽量采用委婉的表达方式。在任何情况下，谈判者都应待人谦和，彬彬有礼，对谈判对手友善相待，不可意气用事、举止粗鲁、表情冷漠、语言放肆，要尊重谈判对手。即使与对方存在严重的利益之争，也切莫对对方人员进行人身攻击、恶语相加、讽刺挖苦，不尊重对方的人格。

说话速度不宜太快，涉外谈判时，应照顾到翻译的方便。参加谈判的人员要充分尊重对方的风俗习惯，交谈中不要涉及隐私、禁忌及敏感问题，更不能拿对方的生理、穿戴、习惯等作为话题乱开玩笑。

谈判中，主方应提供茶水、咖啡等饮料，服务人员添茶续水动作要小心，可在休会或某一方密谈时进行。

谈判结束后，主方人员应将客方人员送至电梯口或送到大楼门口上车，握手告别，目送客人汽车开动后再离开。

如果安排了与谈判内容密切相关的参观考察活动，则应在参观点安排专门的接待人员，并悬挂欢迎性的标语横幅。

实训要求

1. 每组以6位同学为一组，分成甲乙双方，进行模拟谈判。

甲方：博大展览中心

乙方：汇彩会展有限公司

甲方为动漫节主办方，甲乙双方为动漫节开幕式承办礼仪接待的合作进行洽谈。

模拟谈判前的准备活动，包括布置谈判环境、安排谈判座次、谈判前的迎接礼仪（入座、介绍、表情、姿态等），以及谈判过程，包括报价、查询、磋商、解决矛盾、处理冷场等过程。

2. 谈判会遇到各种类型的对手，有的是沉默寡言型，有的是滔滔不绝型，面对变幻莫测的竞争对手，你有何对策？

拓展提升

1. 国际商务谈判策略：九战四十五策

国际商务谈判是国际货物买卖过程中必不可少的重要环节。此类谈判需要采取何种策略？

2. 世纪谈判

20世纪80年代初，香港回归问题提上日程，中英两国间有一场外交较量！中国领导人邓小平与铁娘子撒切尔夫人是如何展开交锋的？

扫描二维码登录学习国际商务谈判策略

扫描二维码登录观看世纪谈判

任务3 签约

案例导入

— 恼人的签字仪式 —

1月5日是国内某企业与美国某公司在多次谈判后达成协议，准备正式签字的日期。签约现场摆放了中美两国的国旗，美国国旗放在签字桌左侧，中国国旗放在右侧。国内企业代表陈主任在门口迎候，见副驾驶座上是一位女宾，准备先为前排女宾打开车门。不料，前排女宾已经先于他打开了后门，迎候后排男宾。电梯到达十楼后，陈主任按住电梯控制开关，请客商先出，自己后出。美方代表进入会场后，被安排在居左位置，入座后看到协议文本只有中文一种文字，临时改变主意，取消协议。

讨论 ① 为何美方代表不满意，问题出在哪里？

② 助签人的工作是什么？

③ 签字场所铺什么颜色的地毯，签字桌铺什么颜色的桌布？

④ 主方还是客方签在文件的首位处？

⑤ 签字结束后可否准备白酒庆祝？

扫描二维码登录学习签约礼仪

知识链接

签约通常指订立合同、协议的各方在合同、协议正式签署时举行的仪式。签约仪式是一种比较隆重的活动，礼仪规范也比较严格。签字人、助签人员、随员，在出席此类仪式时，服饰仪表应整洁朴素，仪态庄重，友好大方。应穿着具有礼服性质的深色西装套装、中山装套装或西服套裙，并且配以白色衬衫和深色皮鞋。男士还须系上单色领带，以示正规。签字仪式的礼仪服务人员，可穿工作制服或旗袍类的礼仪服饰。行礼过程，不应过分喜形于色，也不能过于刻板。

一、签约前的准备工作

（一）文书

签约仪式的安排，重在对协议文本的准备。要在正式仪式之前，做好文本的定稿、翻译、校对、打印、装订、盖章等细致的准备工作，不能将“半成品”或有异议的文本交付使用。

待签文本，应以精美的白纸印刷而成，按大8开规格装订成册，并以高档质地，如真皮、金属、软木等作为封面。同时准备好签约用的文具、国旗等物品。

（二）人员

签约仪式上最重要的角色是签字人。签字人可以是双方参加谈判的主谈人，也可以是更高级别的领导。签字人员一般具有代表一级政府或组织的法定资格，如企业之间合同签约，必须是法人代表签字。双方签字人员讲求身份对等。

助签人是指在签字过程中协助签字人翻揭文本，指明需要签字之处的工作人员。助签人需参与文本的整理和制作，熟悉业务，认真仔细，忠实可靠。特别是涉外签字文本，较为繁复，一旦错签、漏签，文本失效。双边签字，事先商定双方助签人；多边签字，可由主方选派一名助签人。

（三）场地

签约场地，通常在较宽敞的厅室中举行，按照会谈现场的形式进行布置。布置的原则是庄重、整洁、清净。一间标准的签字厅，室内应当铺满红色地毯，设置专用签约桌，其他陈设免去。

我国签约仪式通常使用长方桌一张，横放在室内，桌面铺设墨绿色绒或呢布，桌上两端摆放席位牌、待签文本、签字笔等。国际签约仪式上，需在签字桌中间摆放旗架，悬挂签约双方国旗。

签双边合同时，桌后面并列设置两张座椅供签约人就座，座位之间有1.5米左右的距离。如果各方多人签约或在多项文本上多人签字，可以仅放一张桌椅，供各方签字人签字时轮流就座，也可为每位签字人准备一张座椅。

签字桌背墙上可悬挂“某项目签约仪式”等字样的横幅或设置背景墙。签字桌的前方应开阔、敞亮，保证灯光，方便媒体记者拍照摄影。

（四）座次

签约仪式座次的排列最为关键。具体有三种形式，分别适用于不同情况。

第一，并排式。签字桌面门横放，双方出席仪式的全体人员并排排列，签字人员居中面门而坐，客方居右，主方居左。双方助签人员分别站立在签约者左侧。其他随员在己方签字人的正对面就座，或按职务高低，依次列成一行站立在己方签字人身后。

第二，相对式。双方签字人员相对而坐，分居签字桌两侧。

第三，主席式，适用于多边签字仪式。签字席只设一张座椅，不固定就座者。行礼时，各方人员背对正门，面向签字席就座。签约时，各方签字人按规定的先后顺序依次走上签字席就座签字，然后退回原位就座。

二、签约过程中的服务

（一）宣布开始

由主持人宣布开始，签字人在各自座位上就座。

（二）签署文件

助签人员把所需签字的文本打开，用手指明具体的签字处，交签字人签字并盖章。

通常遵守“轮换制”国际惯例，即各方签字人先在己方文本左边首位处签字，然后交给助签人员交换文本，由签字人在对方保留的文本上签字。这样各方均有机会在文本居于首位处签名一次，保证签约双方公平公正。

（三）交换文本

双方文本签完后，签字人起立离开座位，双方郑重地交换文本。同时握手致意，互致祝贺，照相纪念。有时互换签字笔，以示纪念。站在后面的出席者应平和微笑着直立站好，鼓掌祝贺，不宜相互交头接耳。

三、签约后的服务

（一）祝酒

签约仪式后，通常会有祝酒庆贺。此时服务人员应迅速将香槟酒启开，倒入香槟杯内，约7分满，端入签字大厅，分别站在签字桌约3米处，准备上酒。待示意后，用托盘奉上倒好的葡萄酒或香槟，按职务高低、先宾后主的顺序依次递给相关人员，双方碰杯祝贺。

碰杯只是行祝贺之礼，碰杯要轻，而后高举示意，通常不会一饮而尽，只是象征性地浅抿一口。举止要文雅有风度。这是国际上签约仪式的例行做法。宾主举杯祝贺干杯后，服务人员要立即上前用托盘接收酒杯，照顾签字代表退席。

（二）送客

双方礼毕，可接受媒体采访或安排与会者观看文艺节目、参观展览等。退场时，安排双方最高领导及客方人员先走，主方送客后再离开。

实训要求

1．A公司与B公司，下周三有个1000万元的大合同要签。以8人为一组，策划、安排并主持本次签约仪式。签约礼仪注重座位安排、签约文本和签约程序等。

2．A公司与B公司、C公司、D公司、E公司签约，10人为一组，模拟多边签约仪式，注意会场布置、座次安排、助签人员安排等。

拓展提升

1. 如何策划一场签约仪式

假设你是签约仪式的负责人，如何做好准备工作？签约仪式需要准备哪些物资？时间、人员怎样安排？

2. 签约仪式的背景音乐

一场成功的签约仪式需要合适的背景音乐。什么样的乐曲适合在签约仪式上播放？

扫描二维码登录学习如何策划签约仪式

扫描二维码登录了解签约仪式的背景音乐

任务4 庆典

案例导入

— 褪去浮华的庆典仪式 —

近些年，一些地方政府和企业举办庆典或为政绩或为吸引眼球，追求大场面、大制作，争捧明星、大腕，成本不断提高，导致不必要的浪费。就此，中宣部等五部门发出通知，要求制止豪华铺张，提倡节俭办会。

扫描二维码登录观看索契冬奥会开幕式

讨论 ①“禁奢令”发出后，庆典仪式办还是不办，要办，怎么办？

② 奠基仪式上的奠基石应横写还是竖写，用什么颜色、什么字体合适？

③ 下水仪式如何行掷瓶礼？

④ 通车仪式选在哪里举行？

知识链接

庆典是指围绕重大事件或重大节日、纪念日而举行的庆祝活动仪式，是各种庆祝仪式的统称，具体包括开业、周年、项目完工、落成、建筑物启用、工程开始之际等，为表示庆贺和纪念，按照一定程序举行的专门仪式。

庆典礼仪要求参与者仪容整洁，服饰规范，态度友好，发言简短，表情配合不同仪式，如纪念碑落成等，表情庄重肃穆；企业周年庆，表情愉快。总体而言，应当体现出热烈、欢快、隆重、喜庆的特色。时空选择要恰当，现场布置要隆重，嘉宾邀请要仔细，组织分工要明确。

一、庆典前的准备工作

（一）舆论宣传

一般分为线上线下，宣传包括报纸、电台、电视台、户外媒体、网络媒体等。

（二）邀请嘉宾

确定出席人员名单。除媒体记者外，参加庆典仪式的人员还应包括：

（1）政府相关部门领导。主要是表达对上级机关的感谢并希望能继续得到支持。

（2）社会名流。通过他们的名人效应，更好地提升自身的形象层次。

（3）有功人士。

（4）合作伙伴：以增进友谊，共谋发展。

（5）社区关系。

（6）本单位参加庆典仪式的领导、工作人员的名单。

请柬制作要精美大方，一般用红、白、蓝色，填写好的请柬应放入信封，提前一周左右邮寄或派人送到有关单位或个人。

（三）布置现场环境

庆典仪式的现场一般选在广场上或有意义建筑物的正前门。现场不设主席台，贵宾站立之处铺红地毯。周围布置会标、标语、欢迎词、彩旗、彩带、气球等。一般设有庆典仪式的主横幅或背景墙。现场布置要突出喜庆、隆重的气氛。另外还要有鲜花鼓乐、飞鸽等加以烘托，渲染气氛。同时保证音响及照明设备正常运作。

注意现场须有摆放来宾赠礼如花篮、贺匾、纪念物等的位置；音响或鼓乐声在节奏和音量上要加以控制，不可影响周边地区正常生活秩序；庆典仪式的规模可能会妨碍交通时，应约请交通管理部门来人协调指挥。

（四）接待服务

按照庆典出席嘉宾的人数，配置相应的礼仪小姐，负责来宾的迎送、引导、陪同等工作；要提前准备好来宾的胸花、席卡、饮品、礼物等。负责人接待贵宾，礼仪人员接待其他来宾。

（五）准备馈赠礼品

馈赠礼品要突出纪念意义，同时突出宣传性。可以选用本单位的产品，也可通过特别订制，在包装上印有组织标志、庆典开业日期、产品图案、企业口号和服务承诺等。

二、各类庆典仪式

一般庆典仪式遵循以下程序：奏乐，请来宾就座，由主持人宣布开始，介绍重要来宾；全体起立，奏国歌或本单位之歌；单位主要负责人致辞；来宾致辞；揭幕剪彩；主办方致辞答谢；主办方陪同来宾参观、座谈、联欢等，开始正式接待顾客或观众，对外营业或对外展览宣告开始。

（一）开幕式

开幕式通常指公司、企业、宾馆、商店、银行正式启用之前，或是各类商品的展示会、博览会、订货会正式开始之前举行的相关仪式。依照常规，开幕式需在较为宽敞的活动空间，通常选择门前广场、展厅门前、室内大厅等处作为开幕仪式的举行地点。

开幕仪式的主要程序：

（1）仪式宣布开始，全体肃立，介绍来宾。

（2）邀请专人揭幕或剪彩。揭幕人随之目视彩幕，双手拉启彩索，令其展开彩幕。全场目视彩幕，鼓掌并奏乐。

（3）在主办方的亲自引导下，全体与会者依次进入幕门。

（4）主办方致辞答谢。

（5）来宾代表发言祝贺。

（6）主办方陪同来宾进行参观。开始正式接待顾客或观众，对外营业或对外展览宣告开始。

（二）开工仪式

开工仪式指工厂准备正式开始生产产品、矿山准备正式开采矿石时，所专门举行的庆祝性、纪念性活动。开工仪式一般在生产现场举行。

除司仪人员按惯例应着礼仪性服装之外，东道主一方的全体职工均应穿着干净而整洁的工作服出席仪式。程序主要有五项：

（1）仪式宣布开始：全体起立，介绍各位来宾，奏乐。

（2）在司仪的引导下，本单位的主要负责人陪同来宾行至开工现场肃立。

（3）正式开工。请本单位职工代表或来宾代表来到机器开关或电闸旁，首先对其躬身施礼，然后再动手启动机器或合上电闸。全体人员此刻应鼓掌致贺，奏乐。

（4）全体职工各就各位，上岗进行操作。

（5）在主方的带领下，全体来宾参观生产现场。

（三）奠基仪式

奠基仪式，通常是一些重要的建筑物，如大厦、场馆、亭台、楼阁、园林、纪念碑等，在动工修建之初，所正式举行的庆贺性活动。一般选择在建筑物正门的右侧。用以奠基的奠基石应为一块完整无损、外观精美的长方形石料。文字应当竖写。右上款应刻有建筑物的正式名称，正中央应刻有“奠基”两个大字，左下款应刻有奠基单位的全称以及举行奠基仪式的具体年月日。字体，以楷体字刻写，最好是白底金字或黑字。

在奠基石的下方或一侧，还应安放一个密闭完好的铁盒，内装与该建筑物相关的各项资料以及奠基人姓名。届时，它将同奠基石一道被奠基人等培土掩埋于地下，以示纪念。

在奠基仪式的举行现场应设立彩棚，安放该建筑物的模型或设计图、效果图，并使各种建筑机械就位待命。

奠基仪式，主办方需对建筑物的功能、规划设计等进行介绍。奠基人双手持握系有红绸的新铁锹为奠基石培土，再有主办方与其他嘉宾依次为之培土，直至将其埋没为止。奠基仪式的程序大体上共分为五项：

（1）仪式正式开始：介绍来宾，全体起立。

（2）奏国歌。

（3）主办方对该建筑物的功能以及规划设计进行简单介绍。

（4）来宾致辞道喜。

（5）正式进行奠基。首先由奠基人双手持握系有红绸的新铁锹为奠基石培土。随后再由主办方与其他嘉宾依次为之培土，直至将其埋没为止。此时，应有锣鼓伴奏或演奏喜庆乐曲。

（四）下水仪式

下水仪式，即造船厂在吨位较大的轮船建造完成、验收完毕、交付使用之际，为其正式下水启航而特意为之举行的庆祝性活动。一般在新船码头上举行。对主角新船，亦须认真进行装扮。要在船头扎上由红绸结成的大红花。并且在新船的两侧船舷扎上彩旗，系上彩带。此类仪式一般设有乐队奏乐或锣鼓齐奏。具体流程包括：

（1）仪式宣布开始：介绍来宾，全体起立，乐队奏乐或锣鼓齐奏。

（2）奏国歌。

（3）由主办方简介新船的基本状况，例如，吨位、马力、长度、高度、吃水、载重、用途、工价等。

（4）由特邀掷瓶人行掷瓶礼。砍断缆绳，新船正式下水。

（5）来宾代表致辞祝贺。

掷瓶礼，是下水仪式上独具特色的一个节目，目的是要渲染出喜庆的气氛。它的做法是由身着礼服的特邀嘉宾双手持一瓶香槟酒，用力将瓶身向新船的船头投掷，瓶破之后酒香四溢，酒沫飞溅。嘉宾掷瓶以后，全体到场者须面向新船行注目礼，并随即热烈鼓掌。此时，现场再度奏乐或演奏锣鼓，放飞气球、信鸽，在新船上撒彩花，落彩带。

（五）通车仪式

通车仪式，又叫开通仪式，在重要的交通建筑，如公路、铁路、地铁以及重要的桥梁、隧道等完工并验收合格之后，所正式举行的启用仪式。通常地点设在公路、铁路、地铁新线路的某一端，新建桥梁的某一头，或者新建隧道的某一侧。现场附近，以及沿线两旁，应当适量地插上彩旗、挂上彩带。必要时还应设置彩色牌楼，并悬挂横幅。

在通车仪式上，被装饰的重点应当是用以进行“处女航”的汽车、火车或地铁列车。在车头一般应系上红花。在车身两侧则可酌情插上彩旗，系上彩带，并且悬挂醒目的大幅宣传性标语。具体流程包括：

（1）仪式宣布开始：介绍来宾，全体起立。

（2）奏国歌。

（3）主办方致辞。主办方需介绍即将通车的新线路、新桥梁或新隧道的基本情况，并向有关方面谨致谢意。

（4）来宾代表致辞祝贺。

（5）正式剪彩。

（6）首次正式通行车辆。宾主及群众代表应一起登车而行。主办方所乘坐的车辆行进在最前方开路。

（六）破土仪式

破土仪式，亦称破土动工，是指在道路、河道、水库、桥梁、电站、厂房、机场、码头、车站等正式开工之际，所专门为此而举行的动工仪式。地点应当选择在工地的中央或其某一侧。现场务必要事先进行过认真的清扫、要平整，而且要装饰一番。在现场附近临时搭建某些以供休息的帐篷或活动房屋。破土仪式的程序大体上共分五项：

（1）仪式宣布开始。介绍来宾，全体肃立。

（2）奏国歌。

（3）主办方致辞。以介绍和感谢为主。

（4）来宾致辞祝贺。

（5）正式破土动工。与会者环绕于破土之处的周围肃立，并且目视破土者。破土者须双手执系有红绸的新铁锹垦土三次，以示良好的开端。最后，全体在场者一道鼓掌，并演奏喜庆音乐，或燃放鞭炮。

（七）竣工仪式

竣工仪式，又称落成仪式或建成仪式，是指本单位所属的某一建筑物或某项设施建设、安装工作完成之后，以及某种意义特别重大的产品生产成功之后，所专门举行的庆贺性活动。地点应以现场为第一选择。出席者的情绪应与仪式的具体内容相适应。具体流程如下：

（1）仪式宣布开始，介绍来宾，全体起立。

（2）奏国歌，并演奏本单位标志性歌曲。

（3）单位负责人发言，以介绍、回顾、感谢为主。

（4）进行揭幕或剪彩。

（5）全体人员向竣工仪式的“主角”——刚刚竣工或落成的建筑物，郑重其事地恭行注目礼。

（6）来宾致辞。

（7）进行参观。

实训要求

1. 分小组完成以下庆典仪式：

（1）某商城开业庆典；

（2）某企业10周年庆典；

（3）毕业20年校友联谊会；

（4）社区新年游园会；

（5）某区打工者摄影展览开幕式。

每组人员做好活动策划以及现场执行。

2. 讨论：鞭炮、锣鼓、仪仗、宴请、礼品、明星、上级领导、鲜花、彩飘、拱门，这些常规庆典活动的必备元素是否是庆典的核心？谈谈禁奢令下的庆典活动策略。

拓展提升

1. 如何策划开业庆典。

一场成功的开业庆典仪式重在准备工作，需要准备什么礼品？邀请谁来参加？程序如何安排？

2. 庆典与企业文化：庆典为谁服务？

庆典与企业文化要保持高度一致，庆典必定要为提升企业绩效服务，如何在庆典中融入企业文化？

扫描二维码登录学习如何策划开业庆典

扫描二维码登录学习高效庆典的操作策略

任务5 剪彩

案例导入

— 楼盘剪彩爱明星 —

开发商为楼盘聚集人气、造势宣传，常见的营销方式是明星助阵楼盘剪彩、献唱、表演。业界不少人士表示“明星出场可增加楼盘的名气，加上活动售票的互动、推广也可加强楼盘与民众的交流。适当的借明星的身份及气质彰显楼盘的名气及特质。”

扫描二维码登录学习剪彩礼仪

讨论 ① 你如何看待剪彩仪式上的明星效应？

② 剪彩缎带上结的花球应是几朵？

③ 需要准备几把剪彩用的剪刀？

④ 应准备几个托盘？

⑤ 安排6名剪彩者合适吗？

知识链接

剪彩仪式指有关单位为了庆贺公司的成立、周年庆典、企业的开工、宾馆的落成、商店的开张、银行的开业、大型建筑物的启用、道路或航线的开通、展销会或博览会的开幕等举行的一项礼仪性程序。

一、剪彩仪式的准备

（一）剪彩用品的准备

1. 彩带

彩带应是鲜红的绸带，中间扎醒目的花球。红色缎带上所结的花球要硕大醒目，具体数目根据现场剪彩者人数确定。一般情况，花球的数目较现场剪彩者的人数多一个，这样可使每位剪彩者处于两朵花团之间，尤显正式。花团数目也可较现场剪彩者少一个，不同常规，亦显新意。

2. 剪刀

剪刀必须是崭新、锋利、未用过的，专供剪彩者在剪彩仪式上正式剪彩时所使用的。数量上保证每位现场剪彩者人手一把。事先一定要逐把检查一下将被用以剪彩的剪刀是否已经开刃，好不好用。务必要确保剪彩者在正式剪彩时，可以“手起刀落”，一举成功，而切勿一再补刀。在剪彩仪式结束后，主办方可将每位剪彩者所使用的剪刀经过包装之后送给对方，以资纪念。

3. 手套

白色薄纱手套是专为剪彩者所准备的。在正式剪彩仪式上，剪彩者剪彩时最好每人戴一副白色薄纱手套，以示郑重其事。在准备白色薄纱手套时，除了要确保数量充足之外，还须注意大小适度、崭新平整、洁白无瑕。有时，也可不准备白色薄纱手套。

4. 托盘

托盘，在剪彩仪式上是托在礼仪小姐手中，用作盛放红色缎带、剪刀、白色薄纱手套的。托盘最好是崭新、洁净的。它通常首选银色的不锈钢制品。为了显示正规，可铺红色绒布或绸布。就其数量而论，在剪彩时，可以一只托盘依次向各位剪彩者提供剪刀与手套，并同时盛放红色缎带；也可以为每一位剪彩者配置一只专为其服务的托盘，同时红色缎带专由一只托盘盛放。后一种方法显得更为正式。

5. 地毯

红色地毯，主要用于铺设在剪彩者正式剪彩时的站立之处。其长度可视剪彩者人数的多少而定，其宽度则不应在1米以下。在剪彩现场铺设红色地毯，主要是为了提升其档次，并营造一种喜庆的气氛。有时，也可不予铺设。

（二）剪彩人员的确定

剪彩人员主要是由剪彩者与助剪者两部分人员构成。剪彩者，即在剪彩仪式上持剪刀剪彩之人，必须审慎选定。可以是一个人，也可以是几个人，但是一般不应多于五人。主剪者应居于中央的位置。中间高于两侧，右侧高于左侧，距离中间站立者越远，位次越低。一般只为剪彩者、来宾和本单位的负责人安排座席。通常，剪彩者多由上级领导、合作伙伴、社会名流、员工代表或客户代表所担任。

必须在剪彩仪式正式举行之前确定剪彩者名单。名单一经确定，即应尽早告知对方，使其有所准备。需要由数人同时担任剪彩者时，应分别告知每位剪彩者届时他将与何人同担此任。千万不要“临阵磨枪”，在剪彩开始前，方才强拉硬拽，临时找人凑数。

作为剪彩者，要有荣誉感和责任感，要注意修饰自己的仪表着装。衣着大方、整洁，容貌要适当修饰。剪彩者应着套装、套裙或制服，将头发梳理整齐。不允许戴帽子、戴墨镜，也不允许穿着便装。剪彩者要注意剪彩中的举止行为。剪彩过程中保持稳重的姿态、洒脱的风度和优雅的举止。尊重主办单位，全力配合仪式进程。

助剪者，指的是剪彩者剪彩的一系列过程中从旁为其提供帮助的人员。一般而言，助剪者多由主办方一方的女职员担任，也可从礼仪公司聘请礼仪小姐。条件是容貌姣好、仪态端庄大方，还要有一定的文化素养和气质、年轻和健康等。剪彩仪式上仪容要高雅，反应要敏捷，举止行为要规范，工作责任心要强。穿着打扮整齐划一。

除此之外，还包括迎宾者、引导者、服务者、拉彩者、捧花者、托盘者。迎宾者的任务，是在活动现场负责迎来送往。引导者的任务，是在进行剪彩时负责带领剪彩者登台或退场。服务者的任务，是为来宾尤其是剪彩者提供饮料，安排休息之处。拉彩者的任务，是在剪彩时展开、拉直红色缎带。捧花者的任务，是在剪彩时手托花团。托盘者的任务，是为剪彩者提供剪刀、手套等剪彩用品。

一般情况下，迎宾者与服务者应不止一人。引导者既可以是一个人，也可以为每位剪彩者各配一名。拉彩者通常应为两人。捧花者的人数需要视花团的具体数目而定，一般应为一花一人。托盘者可以为一人，也可以为每位剪彩者各配一人。

二、剪彩仪式的服务规范

剪彩仪式开始前五分钟，嘉宾在礼仪小姐的引领下集体入场。一般来说，嘉宾中的剪彩者应前排就座，座位上应事先放好嘉宾牌。

由企业主要负责人宣布仪式开始，乐队演奏音乐，鸣炮(有的地方禁鸣则免)，然后介绍到场的嘉宾并对他们的到来表示感谢。全体到场者热烈鼓掌。

仪式上安排简短发言。发言者依次为主办方代表、上级主管部门代表、地方政府代表、合作单位代表等。发言内容多为介绍、道谢与致贺。要求言简意赅，每人最好不要超过三分钟。

主持人宣告剪彩之后，礼仪小姐在欢乐的乐曲声中排成一行行进。从两侧同时登台，或是从右侧登台均可。

登台之后，拉彩者与捧花者应当站成一行，拉彩者处于两端拉直红色缎带，捧花者各自双手手捧一朵花团。托盘者须站立在拉彩者与捧花者身后一米左右，并且自成一行。

剪彩者登台时，宜从右侧出场。剪彩者登台时，礼仪小姐在其左前方进行引导。引领其按主办单位的安排站立在确定的位置之后，托盘者应前行一步，到达前者的右后侧，以便为其递上剪刀、手套。

剪彩者行至既定位置之后，应向拉彩者、捧花者含笑致意。当托盘者递上剪刀、手套，也应微笑着向对方道谢。

正式剪彩前，剪彩者首先向拉彩者、捧花者示意，这时拉彩者拉起红绸及彩球，待其准备充分后，剪彩者集中精力，右手手持剪刀，神情庄重地将红色缎带一刀剪断。多名剪彩者同时剪彩时，其他剪彩者应注意主剪者动作，力争多人协调一致，同时将红色缎带剪断。

依循惯例，剪彩以后，红色花团应落入礼仪小姐手中托盘，切勿使之坠地。剪彩者在剪彩后，可右手举起剪刀，面向全体到场者致意。然后把剪刀、手套放置于托盘之内，举手鼓掌。之后，剪彩者可依次与主办方握手道喜，再在礼仪小姐的引导下退场。退场时，一般宜从右侧下台。待剪彩者退场后，其他礼仪小姐方可列队由右侧退场。

剪彩之后，主办单位可安排一些文艺、参观、联谊、座谈、签名、题词、就餐或继续参观等后续活动，具体做法视剪彩内容而定，最后可以向来宾赠送一些纪念品，热情欢送他们离去。

不管是剪彩者还是礼仪小姐在上下场时，都要注意井然有序、步履稳健、神态自然。在剪彩过程中，更要表现得不卑不亢、落落大方。

实训要求

1．某楼盘开盘剪彩，准备邀请明星助阵，你作为本次剪彩仪式的负责人，请撰写剪彩仪式策划方案，并以小组为单位，分角色扮演主持人、明星、楼盘老总、礼仪小姐、观众等，模拟剪彩仪式现场。

2．剪彩现场若遇到嘉宾未到、彩带不够长、花朵不够数、剪刀不够锋利等危机情况，你作为剪彩仪式的负责人，应如何应对？

拓展提升

1. 精彩三分钟：各类剪彩仪式致辞

剪彩仪式上的致辞非常重要，要求言简意赅，每人最好不要超过三分钟。三分钟里面，应讲些什么内容？

2. 创意剪彩仪式

如何省去高额的明星费用，让剪彩与企业文化高度融合？

扫描二维码登录学习剪彩仪式致辞

扫描二维码登录学习创意剪彩仪式

任务6 发布会

案例导入

— 发布会上的不愉快 —

某公司举行新品发布会，原本确定三名嘉宾进行产品展示，可在发布会当天，因要出差不能来参加的嘉宾因为航班取消赶到了现场，这位嘉宾的级别高于其中的两位嘉宾。公司经理邀请这位嘉宾入座嘉宾席。因临时变动，主持人开场只介绍了两位嘉宾，遗漏了重要嘉宾。新品展示时，也只准备了两份，重要嘉宾只能尴尬地站在一旁，脸上露出一丝恼怒。轮到公司经理致辞，因一时慌乱，产品介绍时把新产品的名称说错了。现场没有媒体采访或互动活动。一个话筒满场传递，浪费了不少时间。整个发布会草草结束。

扫描二维码登录学习发布会礼仪

讨论 ① 这次发布会有哪些地方可以改进？

② 发布会的背景板使用什么材质？能用镜子做会场装饰吗？

③ 发布会安排在周几比较合适？

④ 发布会的时间控制在多久为宜？

知识链接

发布会是一种主动传播各类有关信息，谋求新闻界对某一社会组织或某一活动、事件进行客观而公正报道的沟通方式。

发布会根据内容不同，风格也相应不同。政治性发布会要有严肃感；高科技产品类发布会正规中带有活泼；农业类发布会讲求亲切环保；文化类发布会要有文化感、历史感；工业品发布会带有科技感和品质感；娱乐类发布会通常较为活泼前卫；时尚产品发布会要有时代感；工艺品发布会要求经典。

一、筹备

（一）主题

发布会的组织者一定要明确主题，以便确定邀请记者的范围，做到有的放矢。我国对新闻发布会是有严格申报、审批程序的，故一般情况避免使用新闻发布会的字样，改用“××信息发布会”或“××媒体沟通会”等。标题中要点明发布会的主旨内容。如“某企业2014新品发布会”。或用正副标题法，正标题表现企业想要表达的主要含义，副标题说明发布会的内容，如“海阔天空——五星电器收购青岛雅泰信息发布会”。

主题背景板内容要含主题、发布会日期，有的会写上召开城市。颜色、字体注意美观大方，颜色可以企业VI为基准。

发布会背景板一般采用高清晰写真布，这种材料无异味、不反光、高清晰，对新闻发布会的现场气氛营造和媒体摄像大有好处。

（二）时间

在时间选择上要避开重要的政治事件和社会事件，还要避开重要的公共假期和民俗节日。

发布会的时间尽量错开周一和周五，安排在周二、周三、周四的上午10点至12点，下午3点至5点为宜。

场地可以选择在户外，也可以选择在室内。根据发布会规模的大小，室内发布会可以直接安排在企业的办公场所或者选择在酒店。同时考虑地点的交通便利与易于寻找，包括离主要媒体、重要人物的远近，交通是否便利，泊车是否方便等。

（三）会场布置

会场布置既要符合新闻性质，又要有时代感和美感。布置会场时，还需考虑会议厅容纳人数、主席台的大小、投影设备、电源、布景、胸部麦克风、远程麦克风、相关服务等。要充分考虑电视摄影记者的工作需要，不要有太多镜子等反射背景，防止镜头效果受损。外围布置包括室外横幅、竖幅、飘空汽球、拱形门等。一般在大堂、电梯口、转弯处设置导引指示欢迎牌，组织礼仪小姐迎宾。如果在企业内部召开发布会，也可安排企业工作人员做记者引导工作。

发布会一般是主席台加下面的课桌式摆放。注意根据“职位高者靠前靠中，自己人靠边靠后”原则安排主席台座次，摆放嘉宾牌，以方便记者记录发言人姓名。也有发布会摆放回字形会议桌。发言人坐在中间，两侧及对面安排记者座席，这样便于沟通，利于摄影记者拍照。注意席位的预留，一般在后面会准备一些无桌子的座席。

（四）人员安排

举办新闻发布会，一般由单位指定的发言人发布信息，回答记者提问。发言人对公众认知会产生重大影响。如其表现不佳，公司形象无疑受到影响。因此，事先确定好发布会的发言人至关重要。

发言人一般为公司的头面人物之一，在公司身居要职，有权代表公司讲话。且具有良好的外形和表达能力。发言人知识面要丰富，要有清晰明确的语言表达能力、倾听能力及反应力。发言人要有现场调控能力，随机把握会场气氛，措辞文雅而有力，风趣而庄重，头脑要机敏，尤其是当记者提出一些棘手的、尴尬的或涉及机密的问题时，发言人更要头脑冷静，绝对不能认为这是记者在无理取闹而横加指责。若是女士，以淡妆为宜，穿淡色套裙、肉色丝袜、高跟皮鞋，不宜佩戴首饰。男士则穿深色西服套装、白色衬衫、黑袜黑鞋、打领带。

（五）材料准备

认真准备好发布会所需的各种资料，以广告手提袋或文件袋的形式，开会前分发给记者，供他们写新闻稿时参考。

一般提供给媒体的资料，包括：会议议程、新闻通稿、演讲发言稿、发言人的背景资料介绍（包括头衔、主要经历、取得成就等）、公司宣传册、产品说明资料、有关图片、纪念品、企业新闻负责人名片、空白信笺、笔等。要注意中央级综合性媒体更注重报道倾向于大背景、大主题、大角度的切入，而都市类媒体更多的从易于被普通百姓熟知和接受的小角度切入。因此，公关公司在准备新闻稿的时候，最少要有3～5个版本，并且新闻素材要更丰富。

二、现场服务

发布会现场流程如下：迎宾、签到、分发资料、发布会举行。现场工作的接待人员一般由相貌端正、工作认真负责、善于交际应酬的年轻女性担任。所有工作人员均需佩戴胸卡，上面写清姓名、单位、部门与职务。

接待人员负责让来宾在事先预备好的签到簿上签下自己的姓名、单位、联系方式等内容，与此同时分发资料。来宾签到后就座。发布会开始时，主持人对发布会的目的、将要发布的消息作简要介绍。发布会要严格遵守程序，主持人、发言人正式发言时间不宜过长，不超过1小时，要给记者充足的时间提问、访问。

发言人发言要做到观点鲜明，重点突出，条理清晰。对来宾、记者所提出的问题，发言人应逐一予以回答，不要与之发生冲突。如遇到棘手尖锐的问题，发言人能答就答，不能答则应当巧妙地避开，婉转、幽默地做出解释，不要吞吞吐吐。实在无法躲避，也不可以“无可奉告”为由。切忌打断对方的提问，也不要对记者恶语相加。

主持人要始终把握主题，维护好会场秩序。发布会要留意来宾的态度，因为接待来宾的质量如何，直接关系到发布会的成效。

三、后续工作

发布会结束时，主办单位要向参加者一一道别，感谢他们的光临。同时要收集与会者对发布会的总体反映，检查在接待、安排、服务等方面的工作是否有欠妥之处，以便今后改进。

主办方还要密切关注媒体的反应，收集到会记者在报刊或电台、电视台发表的新闻稿和录像，进行分类和分析，如有失误要及时通知改正，同时以此来检验是否达到了举办发布会的目的。

实训要求

1. 分主持人、发言人、记者等多种角色扮演，按照发布会策划方案，模拟发布会现场。
2. 谈谈给你留下印象最深的新品发布会，分析该场发布会成功之道。

拓展提升

1．新闻发布会的“4P”与“4C”

一场成功的新闻发布会无疑是一场营销盛典。“4P”即Proposition主题定位、Plan方案拟订、People人员邀请、Place地点布置；“4C”即Confirmation确定所需资料、Choose选择发布时间、Control控制现场气氛、Come after跟进传播效果。

2．苹果历届发布会媒体邀请函欣赏

苹果发布会媒体邀请函制作非常用心，形式外观与其宣扬的主题、企业文化高度融合。

扫描二维码登录学习发布会的“4P”与“4C”

扫描二维码登录欣赏来自苹果的邀请函

任务7 娱乐

案例导入

— 中国游客不文明行为 —

随着出境游的普及，中国游客在泰国大力关车门、在马尔代夫捞珊瑚、在美国骑华尔街金牛等种种行为受到指责。“中国人，便后请冲水”、“请安静”、“请不要随地吐痰”等以简体中文标出的警示牌出现在出境游的主要目的地国。

讨论 ① 请列举中国游客海外不文明行为，说说为什么。

② 如何邀请女士跳舞？

③ 跳舞时，踩到对方怎么办？

④ 欣赏歌剧，着装应注意什么？

⑤ 欣赏交响乐，掌声越热烈越好？

⑥ 导游一般坐在观光车的前排还是后排？

扫描二维码登录学习

知识链接

娱乐休闲，通常指人们在业余时间里所从事的轻松、愉快、有趣的活动。

一、歌舞厅礼仪

歌舞厅指营业性舞厅、歌厅、卡拉OK等场所。要注意考虑客户兴趣，遵守主随客便的原则，不能只顾自己的兴趣，硬拉客户前往。即使个人舞姿卓越、歌声嘹亮，也不能独霸全场，忘乎所以，手舞足蹈，因为这不是才艺表演的舞台。在他人跳舞、唱歌时，要懂得欣赏，不可以在他人表演时聊天或取笑他人，也不能在别人唱到一半时抢过麦克风。点歌时，要礼让有序，先请客户点、女士点、长辈点或上司点。他人唱完时，应以掌声给予鼓励，大家相互鼓励，才会玩得更热烈、更开心，达到建立友谊的目的。

选择场地时，要考虑路途的远近和交通是否便捷。若路程太过遥远，过于颠簸，会影响娱乐的雅兴。也要注意娱乐的时间，不要影响休息。

邀舞时，男士主动邀请女士跳舞。需要邀请长辈或贵宾时，也可以由女士邀请男士。男士应当在女士面前发出邀请，站在侧面则显得过于随意。

如果决定拒绝邀请，则应礼貌待人，表现出良好的修养和高雅的素质。一般情况下，女士最好不要轻易拒绝别人的邀舞。如果决定谢绝，则可委婉地表达说："对不起，我累了，想单独休息下。"、"对不起，我不会跳舞。"、"对不起，已经有人邀请我了。"、"对不起，我不熟悉这首舞曲。"等措辞。已经婉言谢绝别人邀请后，在一曲未了时，女士应不要同别的男士共舞，否则会被认为是对前一位邀请者的蔑视。当女士已经拒绝一次男士的邀请后，如果这位男士再次前来邀请，没有特殊情况，不应再次拒绝，女方应愉快接受邀请。

在跳舞的过程中，如一方因为某个动作跳得不准确，步法乱了或不在节拍上，发生踩脚之类的事情时，另一方应歉意地向被踩者说一声"对不起"，对方也应该说声"没关系"，或说"重新开始跳"，这样可以缓和气氛，当一首舞曲跳完后，男伴应先说声："谢谢"，或说："你的舞跳得太美了！"女伴应答："谢谢"，或说："你带得太好了！"之类的话语。

二、歌剧院

在欣赏歌剧、芭蕾舞、交响乐之前，应提前购票，提前进场。最好提前了解剧情和精彩唱段，这样可以对演出有更好的理解，与他人有更好的沟通。

一般身着正装出席。不要着浅色衣服出席，这样会分散台上演员的注意力。最好着深色服装入场观看。不能穿短裤、T恤衫、背心、运动服、牛仔裤等太过随意的服装出入剧院。不要忘记脱帽，以免阻挡后排观众的视线。

不要携带食品、饮料入场。即使不吃东西，不喝饮料，装食品饮料的包装袋有时也会发出让人讨厌的声音。

要文明观看演出，坐姿要稳，不要时常左右晃动，妨碍他人观看。要保持安静，不要在演出时与人交谈或自言自语，也不要带年龄过小的孩子观看演出。不要接打手机。不要随意拍照。考虑到演员的表演和演出的秩序，大多数正式的演出场合是不允许拍照的。相机的闪光灯频频闪烁，会分散台上演员的注意力，甚至酿成意外事故。演出过程中，尽量不要中途离场，以免影响他人观看。演出结束后退场，也需等演员们谢幕以后离去。离开时不要把椅子弄出声响，不要在座位上留有垃圾。出场时，切忌大声喧哗。

适当的掌声是观众对演奏者的回应，但过于热情或不合时宜的掌声会扰乱演奏者的情绪，故要遵守一定的规则。参加交响音乐会乐章之间不能鼓掌。一首交响乐分为四个乐章，应将其作为连贯的整体来欣赏。当指挥的手举起在空中的时候，音乐结束三五秒之后鼓掌最为合适。

歌剧演出当中是允许鼓掌的，尤其当一首非常精彩的咏叹调或重唱完结时，观众应以热烈的掌声表示对演员精彩演出的赞赏和鼓励。

一般情况下，演出期间观众不能随意向演员献花，应事先与剧场工作人员取得联系，由工作人员安排献花环节。

三、旅游观光

旅游是放松身心的活动，但要做到自律。要自觉遵守社会公德，不要随地吐痰和吐口香糖，不乱扔废弃物，不在禁烟场所吸烟。不喧哗吵闹，排队遵守秩序，不并行挡道，不在公众场所高声交谈，遵守公共秩序。不踩踏绿地，不攀折花木，不追逐、打闹、乱喂动物，保护生态环境。要保护文物古迹。不在文物古迹上随意涂写刻画，不攀爬触摸文物展品，拍照摄像遵守规定。

旅游时服饰可选择舒适自然的运动装、休闲装，但不要赤身露体，有碍观瞻。年轻情侣、新婚夫妇结伴游玩，不要有过于亲昵的举动。所到之处要入乡随俗，尊重当地的风俗习惯和一些宗教戒规。不强行和外宾合影。

乘游览车要提前上车，不要迟到，以免让他人等候、耽误行程；年轻的游客尽量坐到车厢后面，礼让老幼病残；观光车的第一排座一般是留给领队导游的，游客尽量不要坐。

不要独自前往禁行之处“探险”。遇到购票或观看某景点的人较多时，要自觉排队，不要前拥后挤，制造混乱。旅游途中，如走在狭窄的曲径、小桥、山洞时，要主动给老弱妇孺让道，不争先抢行。如果不小心冒犯了他人，应及时致歉，不要与之发生纠纷。

实训要求

1. 你受邀参加公司年终舞会，你想在舞会上展现个人魅力及素养，但离舞会举行只有一周的时间，如何做好充分准备？角色扮演，服装顾问、礼仪顾问、舞蹈教练等，收集不同专家的建议，拟订舞会计划。

2. 讨论在KTV、电影院、旅游景点最不受欢迎的几类人群，分析他们不受欢迎的原因。角色扮演，假设你是电影院的管理人员，遇到观众对剧透党、手机党、零食党、吵闹的小孩、动作亲昵的情侣投诉，你会如何处理？

拓展提升

1. KTV点歌技巧

公务接待常常安排客户去KTV娱乐，面对上万首歌曲，怎样点到客户喜欢的歌曲？如何活跃气氛，增进友谊？

2. 国外旅游必须知道的事

世界版图中，你想去意大利、澳洲、南非、越南、新西兰……要知道一方水土一方规矩。

扫描二维码登录学习KTV点歌技巧

扫描二维码登录了解国外游常识

任务8 观赛

案例导入

— 十大文明、不文明观赛行为 —

不文明观赛行为第一位：在排队等候进场时插队占73.57%。

家长没有照看好小朋友占 65.38%；不顾他人感受打电话、手机不调成静音或震动状态超60%。对失利的运动员喝倒彩、不对号入座、使用不文明或侮辱性言行影响运动员和裁判员、乱扔垃圾、围堵明星运动员索要签名或合照、衣冠不整、毁坏公物等是网民反感的不文明观赛行为。

文明观赛行为第一位：勇敢指正部分观众的不文明行为占76.38%。

体谅工作人员、积极为运动员加油助威、观赛呼喊口号符合项目特点、保持赛场清洁、礼貌对待国内外观众、不讲污言秽语、自觉遵守观赛规则及观赛礼仪、尊重帮助残疾人、有序退场等是网民赞赏的文明观赛行为。

扫描二维码登录学习奥运观赛礼仪

讨论 ① 谈谈以上不文明观赛行为在你的校园里是否存在?

② 能带饮料进场观赛吗?

③ 能使用手机、照相机拍照吗?

④ 能给马拉松选手递送水吗?

知识链接

任何比赛，观众都是赛场的重要组成部分。没有观众，比赛就失去了意义。观众在观赛时要学会欣赏运动员的技术动作，运动员之间的战术配合；同时还要积极参与。

一、观赛的基本礼仪规范

观众的衣着尽量整洁、大方，不能太随便，尤其是在温度比较高的游泳馆里一定不要赤膊。观看体育馆内进行的比赛，最好不要吸烟。在比赛开始时，一定要保持安静，不要吃东西或互相聊天、喧哗。在比赛中，最好不要走动。

观众进入和退出场地时要有秩序。一般要提前到达场地，在比赛开始前对号入座。不要在人群拥挤的入场口或出场口逗留或聊天，以免影响其他观众的出入。玻璃瓶、易拉罐饮料不允许带进场地，只允许带软包装饮料，避免场地凌乱肮脏，也可以避免观众将其抛入场内阻碍竞赛进行。不要踩座位和高声说话。观众携带的物品与垃圾，在离开场地时要用方便袋或者纸袋自行带出。

宣布升国旗、奏国歌时全体肃立，向国旗行注目礼，唱国歌。不可左顾右盼、窃窃私语，或低头弯腰、手插裤兜等。不要在国歌奏完前，就响起呐喊声和锣鼓声。

观看比赛的时候，观众要互相尊重。为运动员加油的标语口号，内容要健康文明。当地的观众要表现出东道主的气度，对远方的来客以礼相待。赛前的运动员介绍，无论是对主队队员还是客队队员，观众都应该鼓掌欢迎。比赛当中，对对方的精采表现也要给予掌声鼓励。运动员发挥得不好，也要给予运动员支持和鼓励，不能喝倒彩。观众加油呐喊声应协调一致，在球队进攻、进球或有精彩表现时，应尽量给予配合，尽情欢呼。观众可用肢体语言表达自己的情绪，但手势应保持文明、整齐划一。

观众不能在体育场内使用闪光灯，手机也要关机或设置在振动状态，特别是在比赛进行、升旗仪式、开闭幕式、颁奖仪式等场合下。比赛结束后，获奖选手绕场一周向观众致意时，观众大可以尽情拍照留念或通话。

二、单项比赛观赛礼仪

赛场上，观众与运动员的互动十分重要，良性互动能够激发运动员振奋精神，更好地投入比赛。然而这种互动对于不同的运动项目是有所不同的。一种是有节制的互动，比如网球、高尔夫球、马术等项目，需要相对安静的比赛环境，观众需根据比赛规则恰到好处地给予掌声。一种是比较热烈的互动，比如足球、手球、篮球等项目，啦啦队可以尽情地“折腾”，不论是喊声震天还是全场制造人浪，都不为过。

（一）马拉松

马拉松选手只能拿取大会提供的饮用水，观众半途递水会分散选手的注意力，也会使选手因此被判违反规则。饮料站在比赛路线上每隔5千米设置一个，饮用水和湿海绵提供站设置在两个饮料站之间。在那里，长跑运动员和竞走运动员经过时可以取到饮用水，还可以从海绵中挤水冲洗头部，起到冷却作用。

此外，马拉松的比赛是在公路上进行，所以观众与车辆绝对不能穿越比赛路线，以免对比赛造成妨碍。

（二）沙滩排球

观众需配合队员们营造一种始终高涨的赛场氛围，适时适度地呐喊助威。切忌“只看人不看球”。不要盯着运动员暴露的着装或场边美女不放。不要撑遮阳伞，以免遮挡其他观众的视线。白天注意防晒，晚上照相不要用闪光灯。

（三）体操、举重、花式滑冰

这三项运动表现的是一个完整的过程，观众在观看过程中应保持安静，以免影响运动员的专注度与注意力，导致比赛表现不佳。

（四）网球、羽毛球、乒乓球

这三项比赛的特点都是具备发球与接发球的运动，在进行发球与接发球的同时，场边保持安静很重要。观众可以等到比赛双方有一个攻守的结果出现以后，鼓掌叫好。

这三项运动的比赛区域与观众的距离很近，因此禁止手机发出声响，禁止使用相机的闪光灯进行拍照。

（五）田径项目

田径比赛是奥运会最受瞩目的项目，尤其是短跑与接力。但是，看田径比赛不仅需要为运动员加油欢呼，更要学会配合运动员的比赛适时地进行有节奏的加油。例如跳高项目的运动员在助跑的时候，观众适当地鼓掌可以有节奏地配合运动员的步伐。

观赛应放松心情，以欣赏竞技体育力与美的态度去欣赏比赛，从中体会“更快、更高、更强”的精神。

（六）跳水

跳水是一种一秒钟的艺术，运动员要做一个难度系数很高的翻腾动作前，会在跳台或跳板上酝酿一番，让自己的精神高度集中。如果观众突然出现大声喧哗、不必要的掌声或者来回走动，会干扰、影响运动员的注意力，所以在他们完成一个动作前，观众应该在座位上坐好并保持最大限度的安静，等运动员跳进水池后再给予掌声鼓励。观众还要注意将相机的闪光灯与快门声音关闭，以免影响选手的表现。

（七）足球

足球是全世界最多人观看与参与的一项运动，也是奥运比赛项目之一。观众在观看比赛时，必须注意自己的行为是否容易造成对方球迷的不满，尤其是出现有争议的判决时，更要冷静，避免球场暴力事件的发生。在球场上不可以扔果皮、饮料瓶等杂物，以免发生受伤事故。

自己喜爱的球队失利，确实是让人沮丧的事，但不可将这种情绪转嫁给队员，甚至迁怒对方队员以及裁判，做出过激行为。应理智对待，不要乱吹哨子，模仿裁判员的判罚哨音，干扰比赛。不可围攻裁判员，若对比赛裁决有疑问，应通过合法途径反映。

比赛结束后，未经许可不能冲入场内向获胜的运动员索要签名、要求合影。

（八）射击

不管是哪种射击比赛，参赛选手都背负时间的压力，因为要在时限内完成射击，维持高度的专注是必需的。这种无声的压力会弥漫在整个体育场中，运动员在每发一枪前注意力高度集中，这个时候坐在观众席上的观众要尽量保持安静，自觉为运动员营造出完美的比赛环境，不可打手机，不能欢呼呐喊。

实训要求

1. 场景模拟：作为校园运动会志愿者，如何劝说不文明观赛者？请设置不同比赛项目，针对不同项目设计情节。

2. 请为广州马拉松比赛组织一场志愿者培训，培训内容包括医疗自护常识培训、志愿服务礼仪培训、马拉松赛知识培训。也可选择其他赛事做培训背景。

拓展提升

1. 北京首届世界武搏运动会文明观赛礼仪手册

武术、拳击、柔道、空手道、泰拳、相扑、跆拳道、摔跤此类项目，观赛需要注意什么？

2. 残奥会观赛礼仪

残疾人奥运会，需要每一个健全人的配合和鼓励。更重要的是，用公平的心态对待每一个残疾运动员。

扫描二维码登录学习武博运动会观赛礼仪

扫描二维码登录学习残奥会观赛礼仪

形体训练篇

项目四

举止礼仪

学习目标

❶ 了解举止礼仪的基本内容
❷ 掌握举止礼仪规范要求
❸ 掌握举止礼仪的训练方法

情境描述

某公司公关部干事小张要陪同上司王总去机场接待一位重要客户陈先生。他们先步行走出办公室，然后上车、下车。接到陈先生后一同参加公司年末举行的年终总结大会暨答谢晚宴。大会上，坐在主席台的王总要汇报公司年度工作情况，并为陈先生颁荣誉奖项。小张要负责引导陈先生通过走廊进入会场。途中遇到秘书小李，小李手上拿着一摞奖状，不小心被碰到了地上，她赶紧蹲下捡奖状。陈先生进入会场后遇到生意伙伴乔先生，陈先生向乔先生致意。随后王总为陈先生颁奖，陈先生向全场鞠躬……

请分角色扮演，注意站、坐、走、蹲、目视、微笑、手势、致意、鞠躬一系列举止礼仪。

任务1 仪态

案例导入

— 仪态优雅，伴你成功 —

古人云：“站如松、坐如钟、行如风”。《弟子规》有云：“步从容、立端正、揖深圆、拜恭敬、勿践阈、勿跛倚、勿箕踞、勿摇髀”。其中“跛倚”指用一条腿支撑身体斜靠着的疲惫无力的形象。“勿箕踞”指落座后两脚不要分得太开，女性这样坐尤为不雅。“勿摇髀”指切忌摇晃大腿。

生活中，常常会伴有以上不良习惯。而多数公司的面试都会采取面对面的座谈方式。面试期间跷腿、抖脚、踏地面、玩弄衣服、纸巾等小动作会给面试官带来不成熟、不稳重的印象，影响面试结果。

扫描二维码登录学习

讨论 ①检测下你自己有无上述不良习惯？

②站立时，手应放于何处？

③背靠椅子坐，是否合适？

④男女蹲姿有何不同？

知识链接

举止是指仪态、仪姿、姿态，泛指人们身体所呈现出的各种姿态，它包括举止动作、神态表情和相对静止的体态。人的举止，可以展现人类所独有的形体之美。面部表情，体态变化，行、走、站、立，举手投足作为一种无声的语言，都可以传递信息，表达思想感情。平时所言的风度，即是指训练有素，优雅、有魅力的举止。

举止有度在服务过程中会给宾客带来舒适的心理感受，反映出服务人员的内涵、文化教养和服务水平。反之，一些不良的行为习惯则会令服务大打折扣。

一、站姿

站姿是优美姿态的基础，又称站相、立姿。基本要求是头端、肩平、胸挺、收腹、身正、腿直、手垂。良好的站姿有挺、直、高的感觉，像松树一样舒展、挺拔、俊秀。竖看有直立感；横看有开阔感，即肢体及身段给人以舒展的感觉；侧看有垂直感。

（一）基本站姿

1．标准站姿

要求做到站立时颈、肩、胯三种肌肉力量相互制约。

（1）两脚跟相靠，脚趾抓地，脚尖展开45度～60度，身体重心主要支撑于脚掌。

（2）两腿并拢直立，腿部肌肉收紧，大腿内侧夹紧，髋部上提。

（3）腹肌、臀大肌微收缩并上提，臀、腹部前后相夹，髋部两侧略向中间用力。收紧腰部，防止出现挺腹或撅臀的现象。

（4）脊柱、后背挺直，胸略向前上方提起。

（5）双肩放松，稍向下压，双臂自然垂于体侧；气沉于胸腹之间，自然呼吸。

（6）脖颈挺直，头向上顶，人体有向上的感觉。

（7）下颌微收，双目平视前方。

2．手位

站立时，双手可取下列之一手位：

（1）双手置于身体两侧。

（2）右手搭在左手上叠放于体前。如图4-1-1，图4-1-2。

（3）双手叠放于体后。如图4-1-3。

（4）一手放于体前一手背在体后。

3．脚位

站立时可采取以下几种脚位：

（1）“V”形。如图4-1-4。

（2）双脚平行分开小于肩宽。

（3）小“丁”字形。如图4-1-5。

4．男子标准站姿

男子站姿应刚毅洒脱，挺拔向上。

（1）基本站姿　身体立直，抬头挺胸，下颌微收，双目平视，嘴角微闭，双手自然垂直于

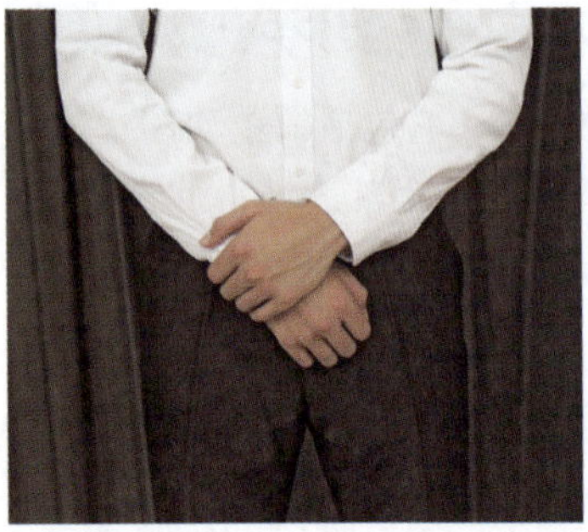

图4-1-1

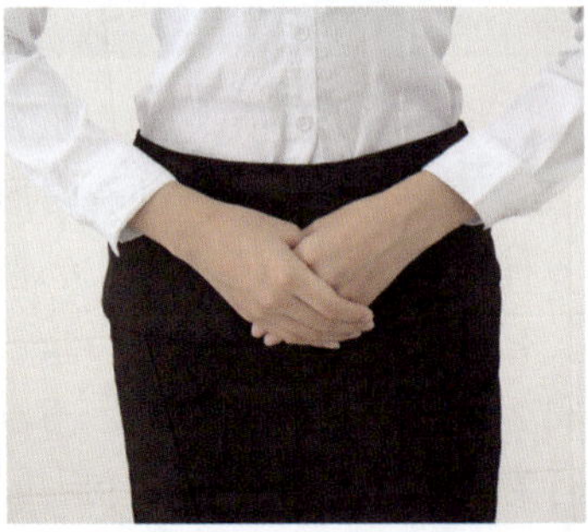

图4-1-2

图4-1-3

图4-1-4

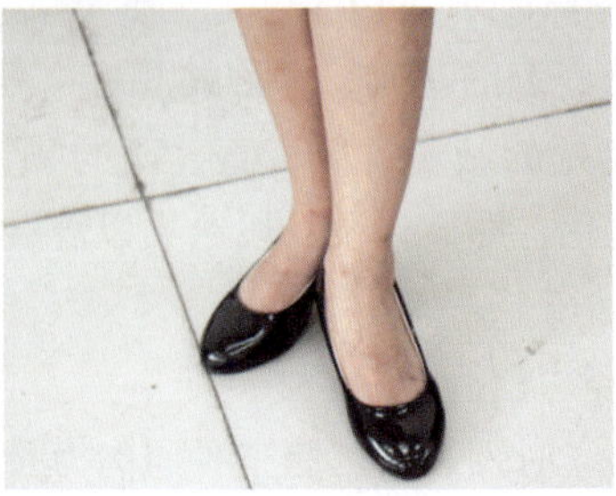

图4-1-5

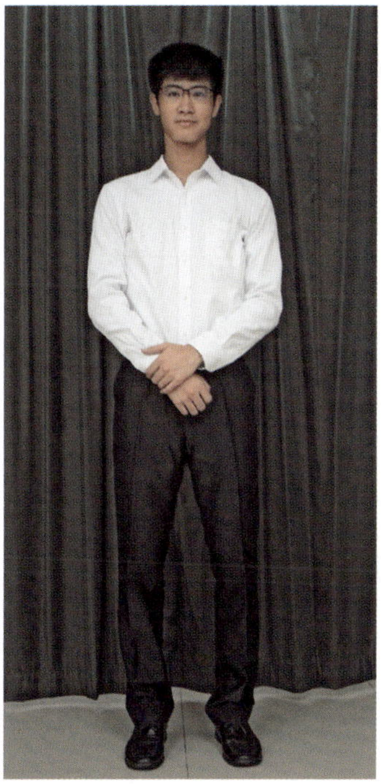

图4-1-6

图4-1-7

图4-1-8

身体两侧，双膝并拢，两腿绷直，脚跟靠紧，脚尖分开呈“V”字形。

（2）叉手站姿　身体立直，抬头挺胸，下颌微收，双目平视，嘴角微闭，双脚平行分开，两脚间距离不超过肩宽，一般以20厘米为宜，双手手指自然并拢，右手握住左手腕，轻贴于腹部，不要挺腹或后仰。如图4-1-6。

（3）背手站姿　体立直，抬头挺胸，下颌微收，双目平视，嘴角微闭，双脚平行分开，两脚之间距离不超过肩宽，一般以20厘米为宜，双手在身后交叉，右手搭在左手上，贴于臀部。如图4-1-7。

（4）背垂手站姿　体立直，抬头挺胸，下颌微收，双目平视，嘴角微闭，一手背在身后贴于臀部，另一手自然下垂，中指对准裤缝，两脚既可并拢也可分开。

5. 女子标准站姿

女子站姿应庄重大方，秀雅优美。

（1）身体立直，抬头挺胸，下颌微收，双目平视，嘴角微闭，面带微笑，双手自然垂直于身体两侧，双膝并拢，两腿绷直，脚跟靠紧，脚尖分开呈“V”字形。

（2）身体立直，抬头挺胸，下颌微收，双目平视，嘴角微闭，面带微笑，两脚尖略分开，左脚在前，将左脚跟靠在右脚脚弓处，两脚尖呈“V”字形，双手自然并拢，右手搭在左手上，轻贴于腹前，身体重心可放在两脚上，也可放在一脚上，并通过重心的移动减轻疲劳。如图4-1-8。

（二）变化站姿

对于服务行业从业人员，在注意站姿的优美的同时，还要完成手拿物品的服务内容，如托盘站姿和斟酒站姿。

图4-1-9

1．托盘站姿要求

保持基本挺拔站姿；手持托盘，大拇指必须露在托盘外面；大臂和小臂之间要保持90度；双手托盘，端着托盘的手臂与侧腰大约是一拳远的距离；单手托盘，端着托盘的手臂与侧腰不必有距离，但在克服盘中物品重量的同时要保持上身挺直，托盘一直要保持平稳。如图4-1-9。

2．斟酒站姿要求

呈直立式持瓶站立，左手下垂，右手持瓶；小臂呈45度；向杯中斟时，上身略向前倾，斟完酒身体恢复直立状。切忌弯腰、探头或直立。

（三）不良站姿

站立时切忌东倒西歪，耸肩驼背，左摇右晃，两脚间距过大。双手插在裤袋里，双手交叉抱在胸前，交叉两腿而站，一个肩高一个肩低。站立交谈时，切忌一只脚在地下不停地划弧线，交腿斜靠在马路旁的树干、招牌、墙壁、栏杆上，不停地摇摆身子，扭捏作态，或与他人勾肩搭背地站着，这样显得不够礼貌。

二、坐姿

坐是举止的主要内容之一，商务活动中，宾主双方落座交谈，优雅的坐姿必不可少。

坐，作为一种举止，同样有美与丑、优雅与粗俗之分。正确的坐姿能给人一种安详庄重的印象，传递出友善、热情、尊重、自信、赞同等积极肯定的信息。不良的坐姿会反映出焦虑、不耐烦、反感、轻视等消极否定的信息。

（一）基本坐姿

1．标准坐姿

入座时要轻稳。从椅子左后侧走到座位前，转身后轻稳地坐下。女子入座时，若是裙装，应用手将裙摆稍稍拢一下，不要坐下后再站起来整理衣服。

入座后上体自然挺直，挺胸，立腰，双膝自然并拢，双腿自然弯曲，双肩平整放松，双臂自然弯曲，双手自然放在双腿上或椅子、沙发扶手上，掌心向下。

头正、嘴角微闭，下颌微收，双目平视，面容平和自然。坐在椅子上，应坐满椅子的2/3，脊背轻靠椅背。如图4-1-10。起立时，右脚向后收半步而后起立。从左侧后退离座时，动作轻缓，自然稳当，不要使桌椅发出响声。

2．手位

坐时，双手可采取下列手位之一：

（1）双手平放在双膝上。

（2）双手叠放，放在一条腿的中前部。一般适用于侧身与身旁的人交谈时使用。

（3）一手放在扶手上，另一手仍放在腿上或双手叠放在侧身一侧的扶手上，掌心向下。

（4）双手叠放或是相握放在桌面上，也可双手放在桌子边沿。

（5）可将随身携带的皮包或文件夹放在双腿上，两手自然放在其上，适用于男士和穿短裙的女士。

3. 男子坐姿

（1）标准式　上身正直上挺，双肩正平，两手放在两腿或扶手上，双膝并拢，小腿垂直落于地面，两脚自然分开成45度。如图4–1–11。

（2）前伸式　在标准式的基础上，两小腿前伸一脚的长度，左脚向前半脚，脚尖不要翘起。

（3）屈直式　左小腿回屈，前脚掌着地，右脚前伸，双膝并拢。

（4）前交叉式　小腿前伸，两脚踝部交叉。

（5）斜身交叉式　两小腿交叉向左斜出，上体向右倾，右肘放在扶手上，左手扶把手。

4. 女士坐姿

（1）标准式　轻缓地走到座位前，转身后两脚成小丁字步，左前右后，两膝并拢的同时上身前倾，向下落座。如果穿的是裙装，在落座时要用双手在后边从上往下把裙子拢一下，以防坐出皱褶或因裙子被打褶坐住而使腿部裸露过多。坐下后，上身挺直，双肩平正，正臂自然弯曲，两手交叉叠放在两腿中部，并靠近小腹。两膝并拢，小腿垂直于地面，两脚保持丁字步。

（2）前伸式　在标准坐姿的基础上，两小腿向前伸出一脚的距离，脚尖不要翘起。

（3）前交叉式　在前伸式坐姿的基础上，左脚后缩，与右脚交叉，两踝关节重叠，两脚尖着地。

（4）屈直式　右脚前伸，左小腿屈回，大腿靠紧，两脚前脚掌着地，并在一条直线上。

（5）后点式　两小腿后屈，脚尖着地，双膝并拢。

（6）侧点式　两小腿向右斜出，两膝并拢，左脚跟靠拢右脚内侧，右脚掌着地，左脚尖着地，头和身躯向左斜。注意大腿小腿要呈90度的直角，小腿要充分伸直，尽量显示小腿长度。

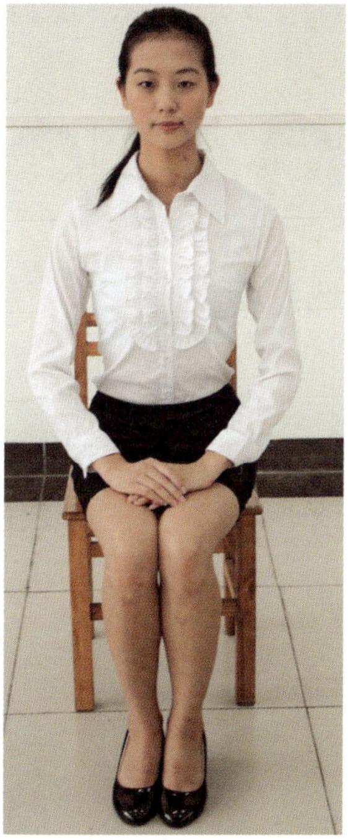

图4–1–10

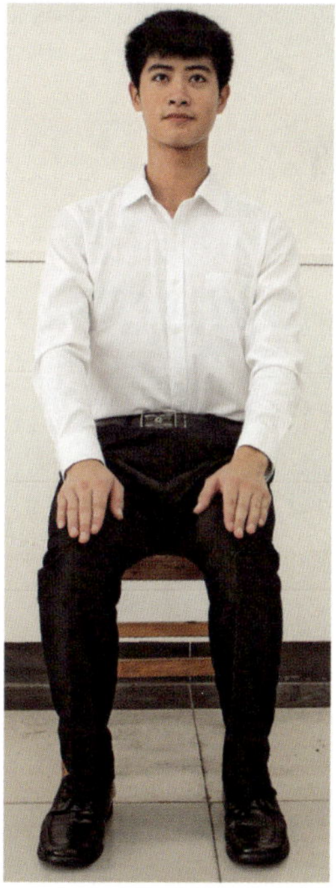

图4–1–11

另侧相同。如图4–1–12，图4–1–13。

（7）侧挂式　在侧点式基础上，双小腿后屈，脚面绷直，脚掌内侧着地，右脚提起，用脚面贴住左踝，膝和小腿并拢，上身右转。

（8）重叠式　重叠式也叫“二郎腿”或“标准式架腿”等。在标准式坐姿的基础上，两腿向前，一条腿提起，腿窝落在另一腿的膝关节上边。要注意上边的腿向里收，贴住另一腿，脚尖向下。如图4–1–14。

（二）变化坐姿

1. 地面坐姿

地面坐姿大致有三类，一是趺坐，即盘腿而坐，如同佛教中修禅者的坐姿；二是箕踞，即两腿前伸而坐，全身形似簸箕；三是跪坐，臀部压在后曲的腿、脚之上。

2. 公共场合坐姿

乘坐公车地铁时，上身坐直，膝盖并拢，把手提包放在自己的膝盖上。

坐低陷的沙发时，女子要特别注意小腿斜斜地摆向左或向右的任意一边。如果穿着短裙，双膝一定要并拢。

在餐厅用餐时，应尽量使自己的上半身靠近餐桌，切记不能弓背。不用餐时，手可放在餐桌下的膝盖上。

坐高脚酒吧椅时，一只脚放在椅子的支架上，一只手撑或靠在桌面上，臀部浅坐在椅子上。

上下车时，上车时，是先臀部落在车座上，再抬双脚入车内。下车时，一只脚先下地，另一只脚随后，并拢脚跟，挺直腰身。

（三）坐的注意事项

坐时不可前倾后仰，或歪歪扭扭。双腿不可过于叉开，或长长地伸出。坐下后不可随意挪

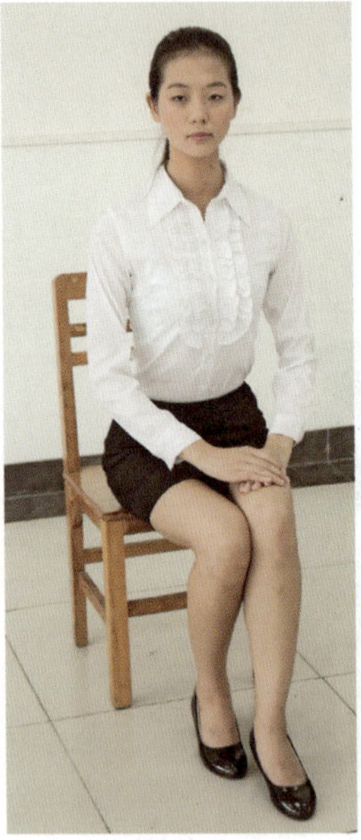

图4–1–12

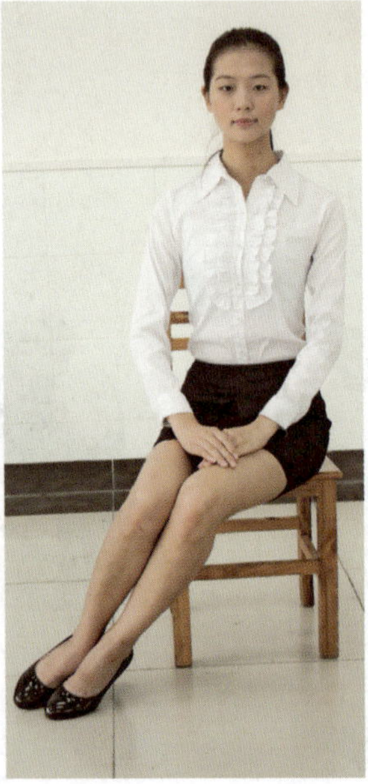

图4–1–13

图4–1–14

动椅子。不可将大腿并拢，小腿分开，或双手放于臀部下面。不可高架“二郎腿”或“4”字形腿，腿、脚不停抖动。不要猛坐猛起。坐沙发时不应太靠里面，不能呈后仰状态。双手不要放在两腿中间。脚尖不要指向他人。不要脚跟落地、脚尖离地。不要把脚架在椅子或沙发扶手上，或架在茶几上。坐低座位时，双膝紧闭。

三、走姿

走姿是人体所呈现出的一种动态，是站姿的延续。走姿是展现人的动态美的重要形式。正确的走姿，能走出风度，走出优雅，走出美来，更能显示出一个人的活力与魅力。对走姿的要求是轻松、矫健、优美、匀速。

（一）基本走姿

1. 标准走姿

双目平视，收颌，表情自然平和。上身挺直，收腹立腰，重心稍前倾。两肩平稳，双臂前后自然摆动，摆动幅度手臂距离身体30～40厘米为宜。腿部应是大腿带动小腿，双膝尽量伸直，脚跟先着地，行进时，随身体重心前移过渡到前脚掌蹬地。步伐均匀、节奏流畅会使人显得精神饱满、神采奕奕。步行要直，步幅的大小应根据身高、着装与场合的不同而有所调整。

2. 男士走姿

（1）走路时，抬头、下巴微向内收，眼睛平视，挺胸，身体挺直，双手自然垂于身体两侧，随脚步微微前后摆动，不宜将手插入裤袋中，正确的走路姿态会给人一种充满自信的感觉。

（2）双脚尽量走在同一条直线上，脚尖应对正前方，切莫呈内八字或外八字，步伐大小以自己足部长度为准，速度不快不慢。

（3）走路时，腰部应稍用力，收小腹，臀部收紧，背脊要挺直，抬头挺胸，切勿垂头丧气。气要平，脚步要从容和缓，要尽量避免短而急的步伐，鞋跟不要发出太大声响。

（4）上下楼梯时，应将整只脚踏在楼梯上，如果阶梯窄小，则应侧身而行。上下楼梯时，身体要挺直，目视前方，不要低头看楼梯，以免与人相撞。此外弯腰驼背或肩膀高低不一的姿势都是不可取的。

（5）走路时如果遇到熟人，点头微笑招呼即可，若要停下步伐交谈，注意不要影响他人的行进。如果有熟人在你背后打招呼，千万不要紧急转身，以免紧随身后的人应变不及。

3. 女士走姿

（1）上半身不要过于晃动，自然而均匀地向前迈进，不疾不缓，保持一种韵律，给人如沐春风的感觉。

（2）女士走路时手臂自然摇摆，幅度不宜过大。如果手上持有物品，如手提包等，应将大包挎在手臂上，小包拎在手上，背包则背在肩膀上。走路时身体不可左右晃动。

（3）女性在走路时，不宜左顾右盼，经过玻璃窗或镜子前，不可停下梳头或补妆，也不要三五成群，左推右挤，一路谈笑，这样不但有碍于他人行路的顺畅，看起来也不雅观。

（4）女性对于行进过程中有物品遗落在地上，为了避免正面领口暴露或裙摆打开等不雅观的情况出现不要马上弯腰拾起。正确的姿势是首先绕到遗落物品的旁边，蹲下身体，然后单手将物品捡起来。

（5）女性穿高跟鞋走路时尽量不要发出踢踏声，这种声音在任何场合都是不文雅的，特别是在正式场合，以及人较多的地方，尤其注意不要干扰他人。

（6）女性在穿裙装、旗袍或高跟鞋时，步幅应小一些。

（二）变换走姿

1. 后退步

向他人告辞时，应先向后退两三步，再转身离去。退步时，脚要轻擦地面，不可高抬小腿，后退的步幅要小。转体时要先转身体，头稍候再转。

2. 侧身步

当走在前面引导来宾时，应尽量走在宾客的左前方。髋部朝向前行的方向，上身稍向右转体，左肩稍前，右肩稍后，侧身向着来宾，与来宾保持两三步的距离。当走在较窄的路面或楼道中与人相遇时，也要采用侧身步，两肩一前一后，并将胸部转向他人，不可将后背转向他人。

3. 前行转身步

向左拐要右脚在前时转身，向右拐要左脚在前时转身。

（三）走姿禁忌

走路最忌内八字和外八字。弯腰驼背，摇头晃脑，大摇大摆，上颠下跛，大甩手，扭腰摆臀，左顾右盼也是不合适的。走路时不要脚蹭地面，也不要将双手插在裤兜里。

四、蹲姿

在生活中，对于地面上的物品，很多人是直接弯腰拾捡的，而在工作中人们在拿取低处的物品或拾起落在地上的东西时，不妨使用下蹲和屈膝的动作，这样可以避免弯曲上身和撅起臀部，尤其是着裙装的女士下蹲时，稍不注意就会露出内衣，很不雅观。

（一）基本蹲姿

1. 标准蹲姿

一脚在前，一脚在后，两腿向下蹲。前腿小腿垂直于地面，全脚掌着地，大腿靠紧。右腿右脚跟提起，脚尖着地。前腿膝高于后退膝，臀部向下，上身稍向前倾，前脚为支撑身体的主要支点。女性应靠紧双膝，男性则可适度地将其分开。

下面介绍几种常见蹲姿。

（1）高低式蹲姿　下蹲时，双腿不并排在一起，而是左脚在前，右脚稍后。左脚应完全着地，小腿基本上垂直于地面；右脚则应脚掌着地，脚跟提起。此刻右膝低于左膝，右膝内侧可靠于左小腿的内侧，形成左膝高右膝低的姿态。臀部向下，基本上用右腿支撑身体。

男性在选用这一方式时往往更为方便，女士也可选用这种蹲姿。如图4–1–15。

（2）交叉式蹲姿　下蹲时，右脚在前，左脚在后，右小腿垂直于地面，全脚着地右腿在上，左腿在下，二者交叉重叠；左膝由后下方伸向右侧，左脚跟抬起，并且脚掌着地；两脚前后靠近，合力支撑身体；上身略向前倾，臀部朝下。

交叉式蹲姿通常适用于女性，尤其是穿短裙的人员，它的特点是造型优美典雅。特征是蹲下腿交叉在一起。如图4–1–16。

（3）半蹲式蹲姿　下蹲时，上身稍许弯下，但不要和下肢构成直角或锐角；臀部务必向下，而不是撅起；双膝略为弯曲，角度一般为钝角；身体的重心应放在一条腿上；两腿之间不要分开过大。

一般是在行走时临时采用。它的正式程度不及前两种蹲姿，但在需要应急时采用。特征是身体呈半立半蹲状态。

（4）半跪式蹲姿（单跪式蹲姿） 双腿一蹲一跪。下蹲后，改为一腿单膝点地，臀部坐在脚跟上，以脚尖着地。另外一条腿，应当全脚着地，小腿垂直于地面。双膝应同时向外，双腿应尽力靠拢。这也是一种非正式蹲姿，多用在下蹲时间较长，或为了用力方便时。

图4-1-15

（二）蹲的注意事项

在行进中需要下蹲时，不要突然下蹲。蹲下来的时候，不要速度过快。在下蹲时，应和身边的人保持一定的距离。不要离人太近。和他人同时下蹲时，更要注意双方的距离，以防彼此“相撞”或发生其他误会。下蹲时要注意方位。在他人身边下蹲时，最好是和他人侧身相向。正面他人，或者背对他人下蹲，通常都是不礼貌的。在大庭广众面前，尤其是身着裙装的女士，无论是采用哪种蹲姿，都要切记将双腿靠紧，臀部向下，上身挺直，使重心下移，特别是要防止大腿叉开。不要蹲在凳子或椅子上。有些地区有蹲在凳子或椅子上的生活习惯，但是在公共场合是不能被接受的。拾取地面上的物品时，应站在所取物品旁边，不要低头、弓背，要膝盖并拢，两腿合力支撑身体，慢慢地把腰部低下去拿。

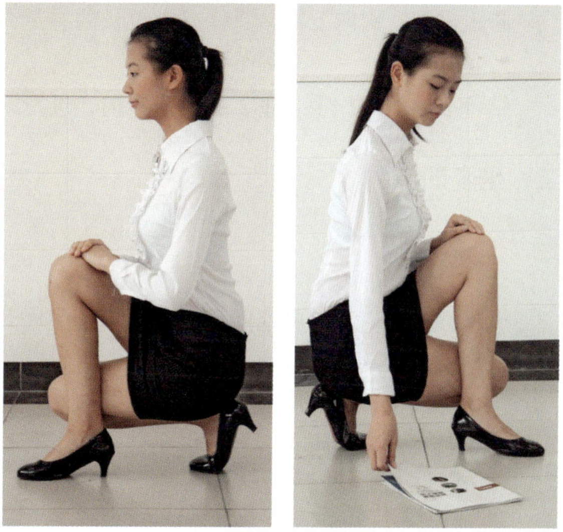

图4-1-16

实训要求

一、站姿训练

（一）训练准备

1. 场地

确保教室里要有足够空间让全班学生展开分组训练。

2. 物资

（1）穿衣镜

（2）每人一本薄书（或教材）和一张16K（或A4）空白纸。

（二）训练要领

1．背靠墙练习

要求：后脑勺、双肩、臀部、小腿肚、脚跟尽量贴墙。下颌自然收紧，身体绷直，训练正确的直立姿势。如图4-1-17。

2．背靠背练习

要求：两人一组，背靠背站立，两人头部、双肩、臀部、小腿、脚跟尽量相贴。在两人肩部、小腿部各放一张卡片，不让其滑动掉落。此法可使后脑、肩部、臀部、小腿、脚跟保持在一条直线上，训练站立时的挺拔感。

3．顶书练习

把书本放置于头顶中心，腿部夹住空白纸，这样可使头、身躯保持平稳，纠正低头、仰脸、歪头、晃头及左顾右盼的毛病。如图4-1-18。

4．提踵练习

脚跟提起，头向上顶，身体有被拉长的感觉，练习平衡感。

5．站姿组合

结合手的动作，手下垂、手置于腹前，进行站姿组合技能展示。

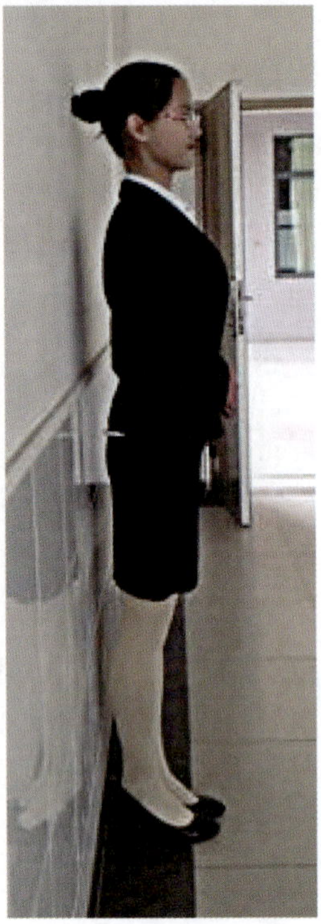

图4-1-17

图4-1-18

二、坐姿训练

（一）训练准备

1．场地

确保教室里有足够的空间可以让全班学生展开分组训练。

2．物资

（1）穿衣镜。

（2）每人一本薄书（或教材）。

（二）训练要领

1．两人一组，面对面练习，头顶书本，并指出对方的不足。

2．对镜练习，按照坐姿的要求进行自我纠正，重点检查手位、腿位、脚位。

3．每次训练时间为10分钟左右，逐渐加长时间。可配音乐进行。

4．模拟商务会谈，布置会谈场所，角色扮演，融入各种坐姿。

5．模拟商务用餐，展现各种坐姿礼仪。

三、走姿训练

（一）训练准备

1．场地

确保教室里要有足够的空间可以让全班学生展开分组训练。

2．物资

（1）穿衣镜。

（2）音乐。

（二）训练要领

1. 摆臂训练

直立身体，以肩为轴，双臂前后自然摆动。注意摆动的幅度适度，纠正过于僵硬、双臂左右摆动的毛病。

2. 步位步幅训练

在地上画一条直线，行走时检查自己的步位和步幅是否正确，纠正“外八字”、“内八字”及脚步过大或过小。

3. 稳定性训练

将书本放在头顶中心，保持行走时头正、颈直、目不斜视。

4. 协调性训练

配以节奏感强的音乐，行走时注意掌握好走路的速度、节拍，保持身体平衡，双臂摆动对称，动作协调。

5. 走姿组合

变换不同节奏的走姿，进行走姿礼仪组合技能展示。

四、蹲姿训练

（一）训练准备

1. 场地

确保教室里要有足够的空间可以让全班学生展开分组训练。

2. 物资

穿衣镜。

（二）训练要领

1. 高低式蹲姿
2. 交叉式蹲姿
3. 半蹲式蹲姿
4. 半跪式蹲姿
5. 蹲姿组合技能展示

拓展提升

1. 七种坐姿反映你的心理秘密

你觉得怎么样坐着最舒服？不经意间的坐姿往往会透露出你的性格特点和内心秘密等信息。

2. 边走边瘦：走路减肥攻略

走路也能减肥，怎么走，走多久，都有讲究。

扫描二维码登录了解坐姿的秘密

扫描二维码登录了解走路减肥攻略

任务2 表情

案例导入

— 眼神在哪儿 —

一位老太太逛展会，她在展会上看上了一件改良的旗袍。她想跟工作人员进一步了解产品的产地、规格、价格等。工作人员和老太太讲话时，眼睛总是上下左右扫视，让老太太觉得浑身不舒服，心想“是不是在嘲笑我的身材啊”。本来乘兴而去，结果失望而归。

扫描二维码登录学习职业表情艺术

讨论 ① 工作人员的眼神应放在哪儿？

② 长时间注视表示关注，这种说法对吗？

③ 微笑时，露出几颗牙合适？

知识链接

一、目视

眼睛是人类面部感觉器官中最敏感的部位，它通常占有人类总体感觉的80%左右。在日常生活之中人们借助眼神所传递出的信息，被称为眼语。眼神，是对眼睛的总体活动的一种统称。

眼睛是人类的心灵之窗。对自己而言，它能够最明显、最自然、最准确地展示自身的心理活动。对他人而言，与其交往所得信息的87%来自视觉，而来自听觉的信息则仅为10%左右，而眼神一向被认为是人类最明确的情感表现和交际信号，在面部表情中占据主导地位。

（一）注视的部位

人际交往中目光所及之处，就是注视的部位。从视线停留的部位可反映出不同的人际关系状态。

1．亲密注视

视线停留在两眼与胸部的第二个纽扣之间三角形区域，多用于朋友、亲人之间的交谈，但对于陌生人来说，这种注视有些过分。

2．社交注视

视线停留在双眼和嘴部之间的三角形区域，是社交场合常见的视线交流位置。

3．公务注视

视线停留在对方前额的一个假定的三角形区域，能制造紧张、严肃的气氛。如果你的视线停留在这一区域，就会使对方感觉到你有正事要谈，常用于磋商、洽谈业务的场合。

一般情况下，不宜注视其头顶、大腿、脚部与手部，或是“目中无人”。对异性而言，不应注视其肩部以下，尤其是胸部、腿部。

（二）注视的角度

在注视他人时，不同的视觉角度表达不同的含义。注视他人的常规角度有以下几种。

1. 平视

平视，即视线呈水平状态，它也叫正视。一般适用于在普通场合与身份、地位平等之人进行交往。

2. 侧视

它是一种平视的特殊情况，即位居交往对象一侧，面向对方，平视着对方。它的关键在于面向对方，否则即为斜视对方，那是很失礼的。

3. 仰视

仰视，即主动居于低处，抬眼向上注视他人。它表示尊重、敬畏之意，适用于面对尊长之时。

4. 俯视

俯视，即抬眼向下注视他人，一般用于身居高处之时。它可对晚辈表示宽容、怜爱，也可对他人表示轻慢、歧视。

（三）注视的时间

在人际交往中，尤其是与熟人相处时，注视对方时间的长短，往往十分重要。在交谈中，听的一方通常应多注视说的一方。

1. 表示友好

若对对方表示友好，则注视对方的时间应占全部相处时间的1/3左右。

2. 表示重视

若对对方表示关注，比如听报告、请教问题时，则注视对方的时间应占全部相处时间的2/3左右。

3. 表示轻视

若注视对方的时间不到全部相处时间的1/3，往往意味着对其瞧不起或没有兴趣。

4. 表示敌意

若注视对方的时间超过了全部相处时间的2/3以上，往往表示可能对对方抱有敌意，或是为了寻衅滋事。

5. 表示兴趣

若注视对方的时间长于全部相处时间的2/3以上，还有另一种情况，即对对方本人产生了兴趣。

（四）目视注意事项

生活中人与人交往时，正确地运用眼神会给你的交往增添成功的概率，赢得友情，否则就会适得其反。

不能对关系不熟或一般的人长时间凝视，否则将被视为一种无礼行为，这也是全世界范围内通行的礼仪。与陌生人谈话时，不能不看对方。不能超时型注视。眼睛注视对方的时间超过整个交谈时间的60%，属于超时型注视，一般使用这种眼神看人是失礼的。不能低时型注视。眼睛注视对方的时间低于整个交谈时间的30%，属低时型注视，一般也是失礼的注视，表明他的内心自卑或企图掩饰什么或对人对话题都不感兴趣。眼睛转动幅度不能过快或过慢。眼睛转动的幅度与快慢都必须遵循一个“度”，不要太快或太慢，眼睛转动稍快表示聪明、有活力，但如果太快则表示不诚实、不成熟，给人轻浮、不庄重的印象。但是，眼睛也不能转得太慢，否则就是“死鱼眼睛”。眼睛转动的范围也要适度，范围过大给人以白眼多的感觉；过小则显得木讷。

以下几种注视方式都是不可取的，如盯视，即长时间目不转睛地凝视某人的某一部位，多表示出神或挑衅。虚视，即目光不聚焦于一处，眼神不集中，多表示胆怯、疑虑、走神、疲乏或失意、无聊。扫视，即视线移来移去，注视时上下左右反复打量对方，多表示好奇、吃惊。睥睨，即斜眼注视，多表示怀疑、轻视。眯视，给人一种傲慢、漠然的感觉。另外，在西方，对异性眯起一只眼睛，并眨两下眼皮，是一种调情的动作。

当对方说了错误的话正在拘谨害羞时，不要马上转移自己的视线，而要用亲切、柔和、理解的目光继续看着对方，否则对方会误认为你高傲，在讽刺和嘲笑他。

二、微笑

微笑是人的面部表情因双唇轻启、牙齿半露、眉梢上扬、脸部肌肉平缓向上向后舒展而带来的一种效果。微笑，它拉近了人与人之间的心理距离，为深入沟通与交往营造温馨和谐的氛围。

（一）基本要求

（1）甜美　温柔友善、自然亲切。

（2）真诚　自然流露、发自内心。

（3）面对顾客目光友善，亲切，表情自然。

（4）伴随微笑要露出6～8颗门牙、嘴角微微上翘。

（5）眼睛要礼貌正视顾客，不左顾右盼、心不在焉。

（6）有目光的接触即要送上甜美真诚的微笑。

（二）不同的微笑

（1）真诚的微笑　人性化的、发自内心的、真实感情的自然流露。

（2）信服的微笑　带有信任感、敬服感的内心情怀的面部表示，或是双方会心的淡淡一笑。

（3）友善的微笑　亲近和善的、友好的、原谅的、宽恕的、诙谐的轻轻一笑。

（4）爱恋的微笑　男女之间的、依恋相爱的甜蜜一笑。

（5）喜悦的微笑　成功或胜利后的高兴、愉悦心情的自然流露。

（6）无奈的微笑　失意、失败时无所求助、无所寄托、无可奈何的窘迫、尴尬、困惑、忍受、忍耐的勉强微笑。

服务行业或其他一些临时性宣传、表演职业，保持微笑是起码的要求，无论心情好坏，无论自己有没有微笑的动因，都需要自觉地面带笑容，这是职业的需要，长期也可能形成了习惯。在工作岗位上，微笑可以表现心境良好，乐业敬业，充满自信。社交场合里，微笑可以使人自然放松，如沐春风。正因为如此，微笑被视为“参与社交的通行证”。

（三）注意事项

（1）微笑与眼睛的结合　在微笑中眼睛的作用十分重要，眼睛是心灵之窗，眼睛具有传神传情的特殊功能。只有笑眼传神，微笑才能扣人心弦、情真意切。

（2）微笑与仪表的结合　得体的仪态，端庄的仪表，再配以适度的微笑，就会形成完整和谐的美，给人以美的享受。

（3）微笑与语言的结合　语言和微笑都是传播信息的重要因素，只有做到二者的有机结合，才能相得益彰，微笑服务才能发挥出它的特殊功效。

实训要求

一、眼神训练

（一）训练准备

1. 场地

确保教室里有足够的空间可以让全班学生展开分组训练。

2. 物资

画上黑点的16开纸；乒乓球。

（二）训练要领

1. 眼睛扩大的训练

眼睛的大小是有限的，只有在自身条件允许的情况下充分地将眼睛扩大，才能体现出好的眼神。使眼睛扩大的主要方法是做起眉绷眼皮训练，即通过尽力将额肌上提，带动两眼角尾部向上起，眼皮上绷——瞪眼使眼皮最大限度地打开。

瞪眼要求：全身放松，精神高度集中，但不紧张。眼睛盯住远方的一点，越小越好，两眼集中精力，紧盯一点，不可眨眼，瞪大，如此保持，刚开始眼睛酸痛流泪，要忍受克服，几天以后就正常了，时间以10分钟达标，练到10分钟以后再练下一步。

收功：眼睛放松片刻，然后自然站立，两手搓热按摩一下眼眶即可做眼保健操。

2. 眼睛光亮的训练

在眼睛扩大练习的前提下，还要使眼睛晶亮闪光，才能具有较好的表现力。

追：在上法的基础上，可以在任何时候习练此法，眼睛瞪大不眨，盯看蚊虫飞鸟，追踪它的飞行轨迹，长期习练。

激：吊一小而轻的物体，与眼同高，让其摆动，轻击眼睛部位，而你要紧盯，不惊不怕，瞪看它的运行轨迹，击到眼睛也不眨，这是第一步。而后可以找一同伴戴拳击套对你攻击，你不还手，他专击你头部，但不发力，你紧盯他的拳，待每一拳到你眼前一寸处时，你突然应变，或躲或挡。开始时不易做到，应循序渐进。

3. 眼睛灵活度的训练

转：头不动，眼珠向上翻到极点，而后顺时针方向极力转9圈，再逆时针转9圈，刚开始练习很多人会感到头晕不适应，要慢慢适应，等适应以后再加练下一步。

有目标练习：先盯住一个目标，以瞪法看几分钟，然后慢慢转动头部，注意眼睛紧盯不动，不能丧失目标，头部以颈为轴，进行由小到大的顺时针转圈运动，眼睛始终紧盯目标不眨，速度可以由慢到快，刚开始可以慢慢来，等熟练以后再加快速度，而后逆时针转9圈。

无目标练习：当眼睛练得有一定活动能力时，就可以进行无目标练习，让眼睛自然转动。

收功时要认真按摩眼眶周围穴道，可以把手搓热空心掌轻按眼眶。

4. 观察练习

（1）购物时，观察服务员的眼神和态度之间的关系。

（2）与亲朋好友进行目光交流，考察眼神是否与自己的思想感情相符。

（3）校园里与擦肩而过的同学进行眼神接触，试着揣摩对方的心理。

（4）与不同年龄、不同性别、不同职业、不同性格、不同情境的人交流，大胆尝试使用不同的眼神，并考察社交效果如何。

二、微笑训练

（一）训练准备

1. 场地

确保教室里有足够的空间可以让全班学生展开分组训练。

2. 物资

（1）筷子。

（2）镜子。

（二）训练要领

放松面部肌肉，嘴角两端微微向上翘起，让嘴唇略呈弧形，不发出声音，轻轻一笑。

1. 对镜训练法

站在镜前，以轻松愉快的心情，调整呼吸自然顺畅。静心3秒钟，开始微笑，双唇轻闭，使嘴角微微翘起，面部肌肉舒展开来；同时注意眼神的配合，使之达到眉目舒展的微笑面容。如此反复多次。

2. 含箸法

选用一根洁净、光滑的圆柱形筷子（不宜用一次性的简易木筷子以防拉破嘴唇），横放在嘴中，用牙轻轻咬住（含住），以观察微笑状态。

3. 记忆法

从记忆中唤醒让你感到愉快、喜悦的情境，通过这种情绪释放最佳、最自然、发自内心的微笑状态。

4. 数牙齿

数一数自己笑得最美时露出了几颗牙。含蓄的笑几乎不露出牙齿。矜持的笑露出两颗门牙。优雅的笑露出四五颗牙齿。热情的笑露出六颗以上牙齿。

5. 对口型

发“一”“茄子”“呵”“哈”等词，练习嘴角肌运动。

6. 情境模拟

模拟面试现场，示范目视、微笑礼仪。

拓展提升

1. 酒店商务礼仪：眼神与微笑规范

大型酒店服务要求比较高，酒店礼仪中对眼神与微笑有什么特别要求？

2. 眼妆打造深邃眼神

眼妆，使眼睛美丽有神，使眼神深邃迷人。怎样化妆使眼睛变大5倍？

扫描二维码登录学习酒店礼仪规范

扫描二维码登录学习眼妆技巧

任务3 手势

案例导入

—"OK"手势不OK—

一位美国工程师与德国工程师合作一个项目。德国工程师问询美国工程师这样操作是否合适时，美国工程师用"OK"手势表示同意认可。可是德国工程师一看到这个手势，马上放下文件，准备离开。后来美国工程师才了解到"OK"手势在德国某些地区意味着骂人。实际上，"OK"在法国表示零或者毫无价值；在日本是钱的象征。

竖起大拇指，除了表示赞成或夸奖外，在英国、美国等西方国家还含有搭乘便车的意思。在希腊，若将大拇指竖起，表示让对方"滚蛋"。"V"形手势表达胜利欢欣，但掌心向内作这种手势则是奚落或嘲笑对方。

扫描二维码登录学习服务手势

讨论 ① 你了解上述手势在不同国家的含义吗？

② 掌心向下，有何含义？

③ 指引时，手掌与地面呈多少度？

④ 用什么手势表示请坐？

知识链接

心有所思，手有所指，手势是指通过手和手指活动来传达信息。不同的手势传递不同的信息。在服务工作中手势是必不可少的一种体态语言，服务业工作人员手势的运用应当规范适度，且符合礼仪。

一、常规手势的含义

掌心向上的手势有一种诚恳、尊重他人的含义。掌心向下的手势意味着不够坦率、缺乏诚意等。鼓掌有赞许、鼓励、祝贺、欢迎之意。攥紧拳头暗示进攻和自卫，也表示愤怒。伸出手指来指点，是要引起他人的注意，含有教训人的意味。如果对方双手自然摊开，表明对方心情轻松，坦诚而无顾忌。如果对方以手支头，表明对方要么对你的话全神贯注，要么十分厌烦。对方用手呈"八"字形托住下颏，是沉思与深算的表现。背手常显示一种权威，但在一个人极度紧张、不安时，常常背手，以缓和这种紧张情绪。如果背手伴以俯视踱步，则表示沉思。

对方用手挠后脑、抓耳垂，表明对方有些羞涩或不知所措。手无目的地乱动，说明对方很紧张，情绪难控。对方双手相搓，如果不是天冷，就是在表达一种期待。对方与你说话时，双手插于口袋，则显示出没把你放在眼里或不信任。双臂交叉在胸前，暗示一种敌意的态度。

二、手势的礼仪要求

规范，自然亲切，协调一致；避免不良的手势、不稳重的手势、对他人失敬的手势。

（一）指示手势

手掌自然伸直，手指并拢，拇指自然稍稍分开，手腕伸直，使手与小臂呈一直线，肘关节自然弯曲，掌心向斜上方，手掌与地面呈45度。

（二）引导手势

1．中位手势

横摆式：表示请进。

曲臂式：表示里边请。

双臂横摆：表示大家请。

2．高位手势

直臂式：表示请往前走。

3．低位手势

斜臂式（斜摆式）：表示请坐。

（三）小手势

用于介绍。

（四）递物、接物

1．传递物品

双手为宜；主动上前；递于手中；方便接拿；尖、刀刃内向；物品正面朝上。

2．接取物品

目视对方；用双手或右手；起身站立；主动走近对方。不抢取物品。

三、手势禁忌

指手画脚；双臂环抱；双手抱头；摆弄手指；手势放任。

实训要求

1．熟练掌握手势语，并将各类手势语，如招呼人的手势、离别的手势、默许的手势、为客户引路的手势串编成一个小型节目，配合音乐表演。

2．分角色讨论，职场中令上级不满或令下属不满的手势语有哪些？为什么？

拓展提升

1．景区讲解手势礼仪

导游的综合素质对提高景区的知名度、美誉度有一定影响。如何利用手势语为旅客提供优质的讲解服务？

2．演讲手势助你成功

演讲手势不仅能够更好的表情达意、感染听众而且可以增强演讲者的个人演讲魅力。你知道演讲中怎样运用手势吗？

扫描二维码登录学习景区讲解手势礼仪

扫描二维码登录学习演讲中手势的运用

任务4 致意

案例导入

— 公司老总的五次鞠躬 —

某大型企业召开年终总结大会，公司老总上台发言，总共行了五次鞠躬礼。正是这五次鞠躬，凸显了以人为本的企业理念，凝聚了人心，鼓舞了士气。

第一次鞠躬是感恩已经离开的前几批员工，是他们给企业打下了基业，目前企业良好的发展态势离不开他们曾经的汗水和辛劳。对此，向他们深深鞠躬。

第二次鞠躬是对全体现有的员工，是他们付出了很多的心血，使企业有了比前年更大的发展。

第三次鞠躬是献给现有的员工家属，是这些家属对员工并通过员工对公司默默的理解和支持，给予了企业发展很大的资金和精神支持。

第四次鞠躬是献给国家和消费者及所有关心企业发展的人，他说企业是鱼，国家和消费者是水，鱼水情深，他代表公司感恩国家和消费者养育了企业。

第五次鞠躬是献给跟企业有业务往来和合作的公司，还有行业竞争对手，他们是企业发展的合力之一与动力之一。

讨论 ① 谈谈给你印象最深的鞠躬礼。
② 行点头礼时，反复点头表示有礼貌吗？
③ 什么时候行注目礼？
④ 遇到身份高的领导，应主动上前握手问候？
⑤ 鞠躬时间越长越有礼？

扫描二维码登录学习致意礼

知识链接

一、致意的类型

致意是已相识的友人之间在相距较远或不宜多谈的场合用无声的动作语言相互表示友好与尊重的一种问候礼节。

致意是一种不出声的问候，它通常用在迎送、被别人引见、拜访等场合，对社交活动的进行影响极大。礼貌的致意，会给人一种友善的感觉，让对方感到你很有修养，有素质。

常见的致意礼节有点头礼、挥手礼、举手礼、击掌礼、作揖拱手礼、叩头礼、握手礼、鞠躬礼、军刀礼、哈达礼、敬酒礼、注目礼、注目并右手放在心脏处行礼、鞠躬并右手放在心脏处行礼、合十礼、吻手礼、拥抱礼、脱帽礼、摸头礼等。

致意时应该诚心诚意，表情和蔼可亲。若毫无表情或精神委靡不振，则会给人以敷衍了事的感觉。

致意的基本规则是男士先向女士致意，晚辈先向长辈致意，未婚者先向已婚者致意，学生先向老师致意，职位低者先向职位高者致意。但在实际交往中不应拘泥于以上的顺序原则。

致意是一种无声问候，因此向对方致意的距离不能太远，以2～5米为宜，不能在对方的侧面或背面致意。常见的几种致意礼仪如下。

（一）点头礼

点头礼即颔首致意，头部向下轻轻一点，同时面带笑容，表示对人的礼貌。

这种礼节一般用于同级或同辈之间；在会场、歌厅、舞厅、剧院等不宜与人交谈之处遇到认识的人；在同一场合已多次见面或者仅仅有一面之缘的朋友之间。

行点头礼时，一般不应戴帽子，不宜反复点头不止，或点头的幅度过大。

（二）招手致意

右臂向前方伸直，或小臂向上弯曲约90°，掌心朝向对方，轻轻向左右摆动一两下即可。

这种礼节适用于向距离较远或者仓促擦身而过的熟人。距离较远时还可伴随着挥动帽子等物，使对方容易看见。

招手致意时，不要将手上下摆动，也不要在手部摆动时手背朝向对方。

（三）注目礼

在升旗仪式时运用此礼。双眼目不转睛地凝视着所升旗帜。仪仗兵接受检阅时也用注目礼，目光随检阅者的移动而移动。

（四）握手致意

见面时表示问候、友好、欢迎、寒暄；告辞时表示道别、送别；也可表示对他人的感谢、祝贺、安慰等。这是最常使用、适应范围最广的见面致意礼节，也是世界各国普遍使用的社交礼节。

在社交场合遇见身份高的领导人，应礼貌地点头致意，不宜主动向前握手问候，只有在领导人伸手时，才上前握手问候。若遇到身份高的熟人，一般不可径直前去问候，应在对方应酬活动告一段落后，再前去问候致意，否则便有不懂礼仪之嫌。

（五）起立致意

在较正式的场合里，长者、尊者来访，在场者应起立表示欢迎，待来访者落座后，自己才可坐下；如长者、尊者离去，待他们离开后才可落座。

（六）鞠躬致意

弯身行礼，是有些国家常用的礼节。行鞠躬礼时要心诚，应取立正姿势，双目注视受礼者，使身体上部向前倾斜，视线随鞠躬自然下垂。

这种礼节主要用于向他人表示感谢、领奖或演讲之后、演员谢幕、举行婚礼或参加葬礼等。除葬礼时鞠躬时间停顿的长一些，日常社交鞠躬千万不要过长停顿。受礼者如是长者、贤者、女士、宾客还礼可不鞠躬，而用欠身、点头致意，以示还礼，其他人均以鞠躬礼相还。

（七）欠身致意

致意者可以站着也可以坐着，在目视被致意者的同时，身体微微向上向前倾，同时点头，以示对对方的尊敬之意。

这种礼节多使用于对长辈或自己尊敬的人致意。运用这种致意方式时，身子不要过于弯曲。

（八）脱帽致意

脱帽致意是戴着礼帽或其他有毡帽的男士使用的一种礼节。遇到友人特别是女士时，应微微欠身，摘下帽子，并将其置于与肩膀平行的位置，同时与对方交换目光；离开对方时，脱帽者才可以使帽子“复位”。若在室外行走中与友人迎面而过，只要用手把帽子轻掀一下即可。如要停下来与对方谈话，则一定要将帽子摘下来，拿在手上，等说完话再戴上。如因头痛等原因不能摘帽，应向对方声明，并致歉意。

如男士向女士行脱帽礼，女士应以其他方式向对方答礼，但女士是不行脱帽礼的。

（九）拱手礼

起身站立，上身挺直，两臂前伸，双手在胸前高举抱拳，自上而下，或者自内而外，有节奏地晃动两三下。

一般用于过年时举行团拜活动；向长辈祝寿；向友人恭喜结婚、生子、晋升、乔迁；向亲朋好友表示感谢等场合。

（十）合十礼

合十礼也叫合掌礼，即双手十指相合为礼。行礼时，合十的双手举得越高，越体现对对方的尊重，但原则上不高于额头，不可手舞足蹈，反复点头。

二、鞠躬要点

鞠躬礼是人们在生活中对别人表示恭敬的一种礼节，既适用于庄严肃穆、喜庆欢乐的仪式，也适用于一般的社交场合。

在一般的社交场合，晚辈对长辈、学生对老师、下级对上级、表演者对观众等都可行鞠躬礼。领奖人上台领奖时，向授奖者及全体与会者鞠躬行礼；演员谢幕时，对观众的掌声常以鞠躬致谢；演讲者也用鞠躬来表示对听众的敬意。

行鞠躬礼时，呈立正姿势，脚跟靠拢，双脚尖处微微分开，脸带笑容，目视受礼者。要注意，若是戴着帽子，应将帽子摘下，因为戴帽子鞠躬既不礼貌，也容易滑落，使自己处于尴尬境地。

男士双手自然下垂，贴放于身体两侧裤线处，女士的双手下垂搭放在腹前。鞠躬时要挺胸、抬头、收腹，自腰以上向前倾。形成前倾弯腰姿态，腰下弯的幅度可根据施礼对象和场合决定鞠躬的度数，一般60度。90度大鞠躬用于特殊情况。

鞠躬时上身抬起的速度要比下弯时稍慢一些。上身下弯时，首先看对方的眼睛，然后再看对方的脚，抬起上身后再次注视对方的眼睛。

鞠躬时目光应向下看，表示一种谦恭的态度，不要一面鞠躬，一面试图翻起眼睛看对方。

常见的鞠躬礼有以下几种形式。

（一）分角度鞠躬

行鞠躬礼上身鞠躬的角度，一般是角度越大，表示越谦恭，视对受礼者或被问候人的尊敬程度而定。

上身倾斜角度为90度左右，表示向对方深度敬礼和道歉，常用于中国传统的婚礼、追悼会等正式仪式，服务场合中很少使用。

上身倾斜角度为45度左右，表示向对方敬礼，常用于重要活动、重要场合中的问候礼节。

上身倾斜角度为15度左右，表示致意，用于一般的服务性问候。

（二）三鞠躬

行礼之前应当先脱帽，摘下围巾，身体肃立，目视受礼者。身体上部向前下弯约90度，然后恢复原样，如此往复三次。

实训要求

1. 角色扮演

某银行一大早来了一位办理银行卡挂失业务的顾客陈先生。陈先生春运期间搭乘火车时，不幸遗失了银行卡，卡里有他打工一年存的钱。陈先生十分焦急。一进到营业大厅便大声疾呼，非常激动了。

讨论 大堂经理、银行柜员、业务经理此时应该怎样为这位顾客送上真诚的服务，使其满意而归？

请结合鞠躬礼、指引手势、微笑、目视、握手礼等演示以上情景。

2. 情景模拟

某专业与某合作企业举行校企合作论坛，由甲负责扮演老总，由乙负责扮演接待人员，请结合致意、鞠躬，配合眼神、微笑等，模拟上述情景。

拓展提升

1. 日本人的鞠躬文化

“鞠躬”是日本人的标志性动作，从这一动作可以一窥日本人的文化观。

2. 面试握手七大攻略

握手是整个面试过程中，应试者和考官空间距离最近的时机，运用得好，将会带来意想不到的效果。

扫描二维码登录了解日本人的鞠躬文化

扫描二维码登录学习面试中的握手礼

项目五

形体训练

■ 学习目标

1. 了解形体训练中常用的手位、脚位、方位知识
2. 掌握训练身体柔韧度、协调性的方法
3. 掌握训练坐姿、走姿、行礼的方法

■ 情境描述

“形象之星”大赛，你参加了吗？

小李是某高校大一学生，她看到学校正在组织“形象之星”大赛，很想报名参加。小李自小学习声乐，心想才艺表演不是问题，可一看到比赛规则就傻眼了。“形象之星”比赛除了才艺表演环节之外，还考察选手的综合体态、镜头表现力、形体表现力、肢体协调性、色彩感悟力、妆容、服装搭配等。

请结合将要学到的知识，为小李制订一个训练计划，使其能在大赛中获胜。

任务1 形体基础训练

案例导入

— 形体训练，更健康，更聪明 —

形体训练起源于芭蕾、舞蹈、体操的基本功训练，是一项比较优美、高雅的健身项目，主要通过舒展优美的舞蹈基础练习，结合古典舞、身韵、民族民间舞蹈进行综合训练。它是所有运动项目的基础。

专业从事形体的研究者认为市面上名目繁多的训练方法，都存在一定的弊病。形体训练是外环境对机体的一种刺激，这种刺激具有连续、协调、速度、力量的特点，使机体处于一种运动状态，随时动员各器官及系统使之协调、配合机体的工作。

形体训练除了能改变我们自身形体的不足，塑造优美的体态，培养高雅的气质之外，还能提高人的理解能力、思维能力和记忆能力，从而使大脑更加聪明。

扫描二维码登录学习手位脚位规范

讨论 ① 你尝试过何种方式塑造形体美？有什么样的体会和经验？

② 请学过芭蕾舞的同学演示芭蕾舞姿。

③ 你是否掌握手位、脚位的规范动作？

知识链接

芭蕾舞的训练方法和对人体的解析是最科学的。下面将引用芭蕾舞的训练方法来加强礼仪舞蹈的科学性。

芭蕾的手位共有7个，脚位最常用的有4个。下面先来介绍相关内容。

1．舞蹈的方位

一点方向：教室的正前方。

二点方向：面对1点方向的右斜前方45度处。

三点方向：面对1点方向的正右旁方向。

四点方向：面对1点方向的右斜后45度处。

五点方向：面对1点方向的正后方。

六点方向：面对1点方向的左斜后45度处。

七点方向：面对1点方向的正左旁方。

八点方向：面对1点方向的左斜前方45度处。

如图5-1-1。

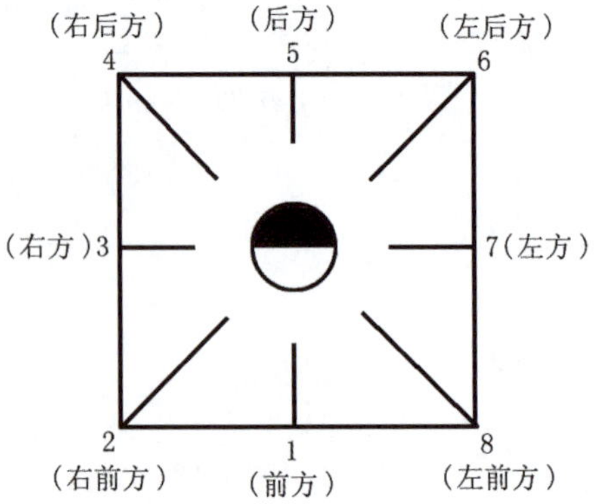

图5-1-1

2. 芭蕾舞的手位、脚位

（1）手位　在学习手的位置之前须学好手的形态。大拇指尖要轻轻地碰到中指的指根处，其他的手指稍弯一些挨在一起放好。这种形态只是在初学时才要求这样做。因为那时还不能有意识地支配、控制自己的动作，因而手指容易紧张。以后手的形态变得比较自然，大拇指不必碰中指，而是朝向手心即可。

我国至今沿用的是下面介绍的7个手位。

一位手：双手指尖相对，掌心略向上翻，整个手臂呈自然优美的弧形，肘部外开向两端架起。大拇指放松贴在手心中，食指微微向外张开。整个手型就是自然下垂型（见图5-1-2中1）。

二位手：在一位手的基础上，整个手臂上抬至离胸前约20厘米处，手的高度在胃部正前方。要注意肘部不能塌陷，以及手腕处不能有折角。假设，有一滴水从肩头开始往下滑，是可以让水滴一直从手指尖滴落的状态就是最准确的手位了（见图5-1-2中2）。

三位手：二位手之后继续上抬，双臂一直往头顶举起，位置到达头顶斜上方（眼睛平视时能用眼角余光看到小手指为准）。肘部外开，指尖相对（见图5-1-2中3）。

四位手：三位手的基础上，右手回到二位手的位置，变成左在上，右在下；或者左手回到二位手位置，变成左在下，右在上（见图5-1-2中4）。

五位手：四位手的基础上，右手向外划动到身体右侧，齐肩位置，肘部外开，对向身体后方，指尖对向身体前方，整个手臂呈自然优美的弧形。此时的手臂一只在旁，一只在上，左右都可以（见图5-1-3中1）。

六位手：在上的左手往下放至二位手的位置，此时的手臂一只在旁，一只在胸前（见图5-1-3中2）。

七位手：左手往身体侧面打开，齐肩位，使两只手臂呈平衡状，都在身体的两侧。此时的手臂要注意略呈环抱状，手臂不可以太开甚至打到身体的后侧（见图5-1-3中3）。

1　　2　　3　　4

图5-1-2

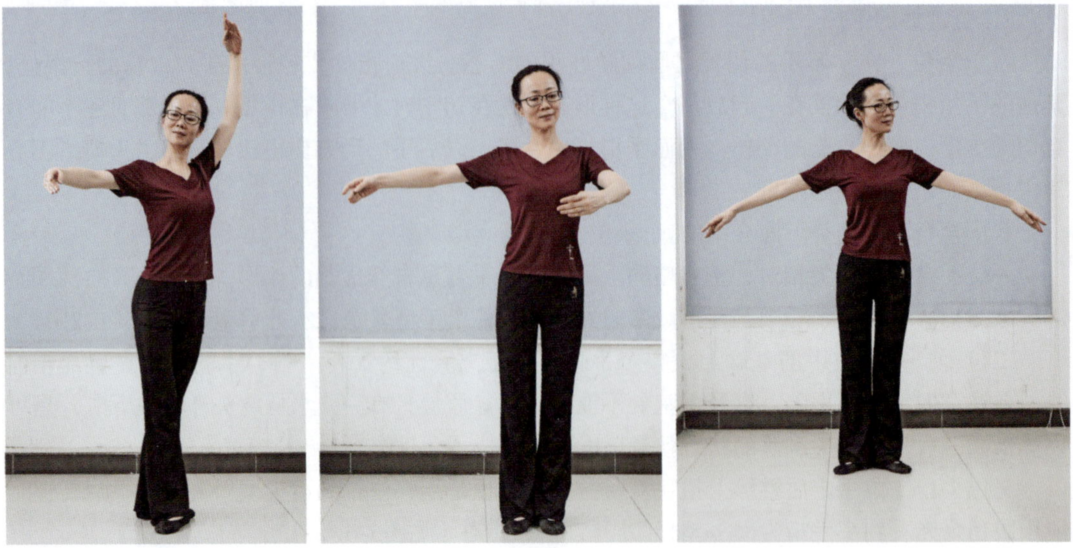

1 2 3

图5-1-3

（2）脚位

一位脚：双腿直立，并拢，双脚外开至“大八字”形。脚底要完全贴着地面站立，受力均匀。不能拼命站成“一字形”（见图5-1-2中1）。

二位脚：两腿打开成“大字形”，双脚一样站成“大八字”，膝盖伸直（见图5-1-2中2）。

四位脚：两脚一前一后外开的站着，之间的距离约为20公分，脚后跟在一条线上（见图5-1-2中4）。

五位脚：把四位脚之间的距离去掉，两脚紧紧地贴在一起，前脚的脚后跟在后脚的脚趾根部左右即可。两脚不要站错，是同时外开，而不是同时内拐（见图5-1-3中1）。

以上四个脚位就是芭蕾中最常用的脚位。手位和脚位的练习可以迅速准确地找到舞蹈中需要摆放清楚的手脚位置，省去很多不必要的弯路。

3. 手位、脚位组合

（1）训练特点

整个练习节奏平稳，音乐优美，在练习中，除了练习手脚的方位外，更要强调动作过程中举止优雅，身体挺拔。还需要特别注意的是，眼睛要随着手的位置变化而变化。

（2）训练目的

① 使初学者熟悉形体训练中方位及手脚位置的表达。

② 学习眼和动作的配合。

③ 掌握形体基本体态的控制。

（3）手位、脚位组合练习

准备动作：一位脚，一位手。以4拍的速度变化手位。

【1】第1～4拍：一位手。

第5～8拍：二位手。

【2】第1～4拍：三位手。

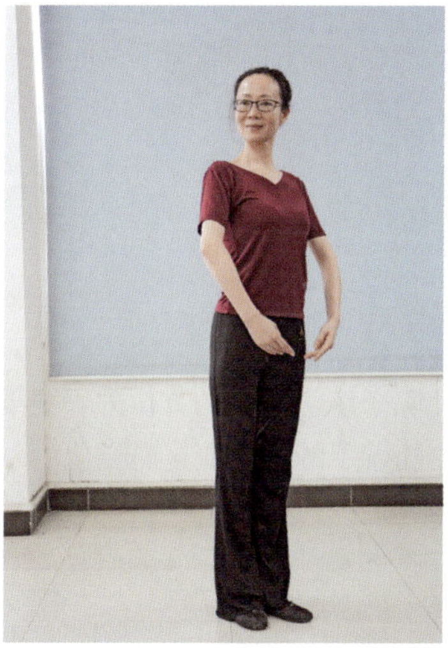

图5-1-4

图5-1-5

图5-1-6

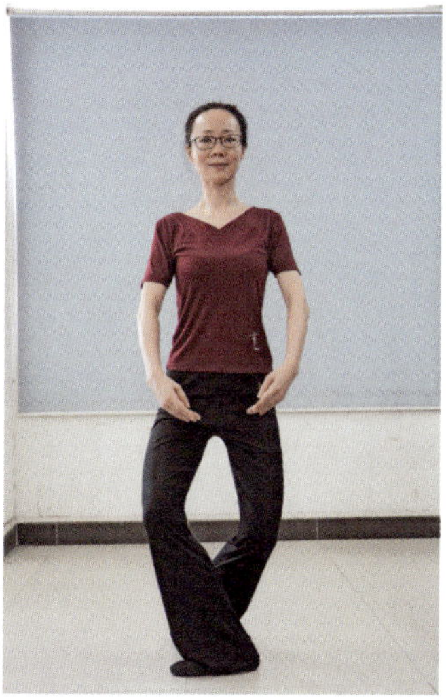

图5-1-7

图5-1-8

第5～8拍：四位手。

【3】第1～4拍：五位手。

第5～8拍：六位手。

【4】第1～4拍：七位手。

【5】第5～8拍：回一位，同时身体对8点，面向一点方向。如图5-1-4。

【6】第1～4拍：二位手四位脚的半蹲位。如图5-1-5

第5～8拍：四位手四位脚的直膝位。如图5-1-6。

【7】第1～4拍：一位手五位脚的半蹲位，身体转回一点方向。如图5-1-7。

第5～8拍：打开双臂到七位手。如图5-1-8。

【8】第1～4拍：回到二位手四位脚的半蹲位。

第5～8拍：收回右脚经过二位蹲位成一位脚一位手，身体向二点方向。反面重复一次。

【9】第1～4拍：二位手四位脚的半蹲位。

第5～8拍：四位手四位脚的直膝位。

【10】第1～4拍：一位手五位脚的半蹲位，身体转回一点方向。

第5～8拍：打开双臂到七位手。

【11】第1～4拍：回到二位手四位脚的半蹲位。

第5～8拍：收回左脚经过二位蹲位成一位脚一位手。

结束。

此组合的动作整个练习节奏平稳，音乐优美，在练习中，除了练习手脚的方位外，更要强调动作过程中举止优雅，身体挺拔。还需要注意的是，眼睛要随着手的位置变化而变化。

拓展提升

Polina Semionova《巴赫的最后一天》欣赏

Polina Semionova是俄罗斯芭蕾舞演员，曾担任德国国家芭蕾舞团首席演员。MV《巴赫的最后一天》被网友称为“最美的芭蕾”、“仙女般的芭蕾”。

扫描二维码登录欣赏

任务2 柔韧度训练

案例导入

— 身体柔韧性知多少 —

柔韧性是指人体关节活动幅度的大小。身体柔韧性因人差异很大，最明显的是男性和女性之间。这是由于两性的身体结构不同，女性的臀部比男性大而宽松，因此女性练劈腿十分容易。另外同性个体之间差异也很大。

有学者指出柔韧性锻炼能增强身体灵活性，增强肌肉耐受力，防止肌肉过早老化，减轻肌肉疲劳，甚至能起到延缓皮肤松弛、改善仪态的作用。

扫描二维码登录学习身体柔韧性锻炼方法

讨论 ① 直立弯腰，你能用手碰到脚尖吗？

② 你能轻松弯腰系鞋带，扣上后背的扣子吗？

知识链接

身体各部位韧带拉伸，以及肌肉和关节在运动前的活动和预热是所有舞蹈形体训练的前提要素。身体各部位处于休眠状态下，突然地进行剧烈运动，很容易使身体受伤。所以运动前的热身活动相当重要。

一、柔韧度训练要求

活动动作的节奏不宜过快，节奏最好从最缓慢的速度开始逐渐加速。活动动作的幅度也要保持由小到大的规律进行。

二、柔韧度训练前准备

（1）带有墙镜的训练场地；

（2）柔软、舒适的服装；

（3）舒缓的音乐。

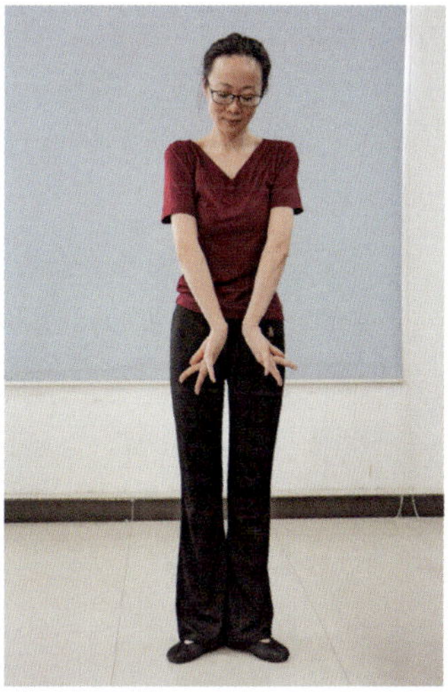

图5-2-1

三、训练内容

（一）主要动作

准备动作→头部运动→肩和胸部运动→胯关节运动→膝盖和脚腕→全身运动。

1．准备动作

站立。

动作要求：站立时双脚分开站立，两脚间距与肩膀齐宽，膝盖伸直，双脚微微打开成“小八字”形。

双手自然垂直放在身体两侧，肩膀下沉，头顶向上延展，整个身体呈十字架形站立。

保持自然呼吸。站姿准备用时2～4个八拍。

2．头部运动

正：头放正，双目平视前方，下巴微抬。

下：头顶慢慢向下低，直到完全不能再低为止。

上：头顶向后倒至不能再动。

左：头顶向左转动，直至正旁方向，脸部朝向正前方。

右：头顶向右转动，直至正旁方向，脸部朝向正前方。

右转：头顶从右边向外围画圈。

左转：头顶从左边向外围画圈。

3．肩和胸部运动

含胸：双手手背在腿前合并，胸腰向下弯曲。如图5-2-1。

展胸：胸腰向后打开向后微仰，手心向上摊开至腿的两侧。

右侧肩：双手平举齐肩高，身体向右侧弯腰，保持手臂平衡，不能动胯骨和双脚重心。

左侧肩：双手平举齐肩高，身体向左侧弯腰，保持手臂平衡，不能动胯骨和双脚重心。

前收肩：手臂向身体前方相合至手背相碰，胸腰向前弯曲。

展肩：手臂向身体后方十指交叉，使得胸腰向后微仰。如图5-2-2。

4．胯关节运动

基本姿态：膝盖弯曲成半蹲状态，双手叉腰。

摆胯：胯向右（左）或前（后）上提。

绕胯：右（左）绕胯，上半身不摆。

5．膝盖和脚腕关节运动

（1）下蹲动作

下蹲：双脚并拢，松弛、连续的下蹲，手臂自然摆动。

脚腕动下蹲：原地以脚后跟为轴，双脚脚掌左右移动。

（2）脚腕动作

准备动作：半蹲。

右移脚掌：双脚以脚跟为轴右移脚掌。

右移脚跟：双脚以脚掌为轴右移双脚跟。

左移脚掌：双脚以脚跟为轴左移脚掌。

左移脚跟：双脚以脚掌为轴左移双脚跟。

重复时，先向左开始移动。

图5-2-2

6．坐姿

（1）准备动作　端正地坐在椅子正中，双腿并拢，手臂自然下垂放在身体两侧。

（2）脚部动作

半脚尖：用脚掌踩在地板上，脚后跟尽量往上提。

半脚尖2点方向：右脚先移到2点方向，左脚和整个身体迅速跟上，也移动至二点方向。

半脚尖8点方向：左脚移到八点方向，右脚和身体跟上。

二位手脚尖：一位手到二位手，同时半脚尖成脚尖着地。

四位脚七位手：右脚向前绷脚擦地成四位脚。双臂打开到七位手，眼睛一直看着右手移动。

七位手左虚步：拍右脚脚尖划到二点方向，左脚跟上放在右脚的前面，然后双臂微微上提做呼吸状，然后手臂落下至身体两侧自然下垂，手臂落下时眼睛转到八点方向。

（3）腿部动作

平举腿：双手抓住椅子找到支撑点，右（左）腿绷脚举平，眼睛仍看向二（八）点方向。

吸腿：放松呼吸的同时弯曲膝盖把脚收到椅子上，双手抱住小腿。

立腰2点方向：双手抓住脚后跟往上抬腿，身体挺立，眼睛仍看向二点（四拍）。呼吸放松的同时，右腿划动到二点方向，双手分开放至两侧，左脚收回在前，变成一前一后位置，身体前倾（四拍）。

立腰8点方向：双手抓住脚后跟往上抬腿，身体挺立，眼睛仍看向二点（四拍）方向。呼吸放松的同时，右腿划动到二点方向，双手分开放到两侧，左脚收回在前，变成一前一后位置，身体前倾（四拍）。

（4）椅背在体前

跨坐：把椅子调整成背对前面，双腿跨坐，面对前，两手扶在椅背上，两腿尽量打开，立起半脚尖。整个动作过程要注意姿态优雅，起身与坐下时都不能翘尾椎，保持身体直立。

撩手：左右手手臂往两边撩手，两臂要像波浪一样柔软连绵。

蹬脚：左手往右边延展，左脚往左边蹬直（四拍）。然后换成反面（拍）。

绕膝立腰：双手抓住椅子的后部，身体后仰，使腿能抬起绕过椅背。右腿绷脚直膝绕过椅背放到左侧边至双腿并拢屈膝位，后背挺立胸腰上顶，抬头（四拍）。然后再把右腿绕回右边，再把左脚绕过椅背一起放到右侧边，双腿并拢屈膝，抬头挺胸（四拍）。

坐正：双腿沿凳面移动到后面，身体跟回放正。

回望：慢慢回头看向前方，两边各做一次，四拍一次。回头看时注意自己的表情，温柔、舒展、端庄。

加快一倍的速度回头看，两边各做两次，两拍一次。快速回头时，就像感觉到后面有人叫自己一样，回头寻找声音的方向。

（5）椅背在体侧

侧坐：站起身调整椅子方向到侧面。坐回到椅子的正中，双腿并拢。

双斜上臂：双腿并拢，双臂往斜上方伸直，两臂平行，抬头挺胸（二拍）。

右曲臂弯膝：右脚往右，脚往右边弯膝，脚掌点地，脚后跟离地，右手往右肩膀处平拉，手掌对齐肩窝，眼睛看向一点方向（二拍）。

右小臂外旋：右手小臂外旋转回身体正前方，同时头部也随着手的摆动往右边甩头转回前，身体放松前倾（四拍）。

左曲臂弯膝：左脚往左弯膝，脚掌点地，左手平拉至肩窝处，眼睛看向五点方向，也就是教室的正后方（二拍）。

左小臂外旋：左手小臂外旋转回身体正前方，同时头部随手甩回前，身体放松前倾（四拍）。

甩手：做四个甩手放射形造型。

甩手动作可以很任意地编排，也可以发挥创造性。要求：要有速度和力度，造型时强调动作的爆发力和激情；身体造型要求协调，有美感；尽量变化造型的空间感，如构造的高、中、低，方向的前后左右等。

（二）训练组合

1. 头部运动

【1～4】准备动作：站立，保持自然呼吸。

【5】第1～4拍：头向前。如图5-2-3。

第5～8拍：停顿。

【6】第1～4拍：头右侧。

第5～8拍：停顿。

【7】第1～4拍：回到直立位置。

第5～6拍：向右看。

第7～8拍：向左看。

【8】第1～4拍：头顶向后。

第5～8拍：头回到直立位。

【9】第1～4拍：头顶向前。

第5～8拍：停顿。

【10】第1～4拍：头顶向左侧。

第5～8拍：停顿。

【11】第1～4拍：回到直立位置。

图5-2-3

第5～6拍：向左看。

第7～8拍：向右看。

【12】第1～4拍：头顶向后倒。

第5～8拍：头顶回到直立位置。

【13～14】第1～8拍：头右环动。

【15～16】第1～8拍：头左环动。

【17】第1～8拍：头右环动。

【18】第1～8拍：头左环动。

【19】第1～4拍：头右环动。

第5～8拍：头左环动。

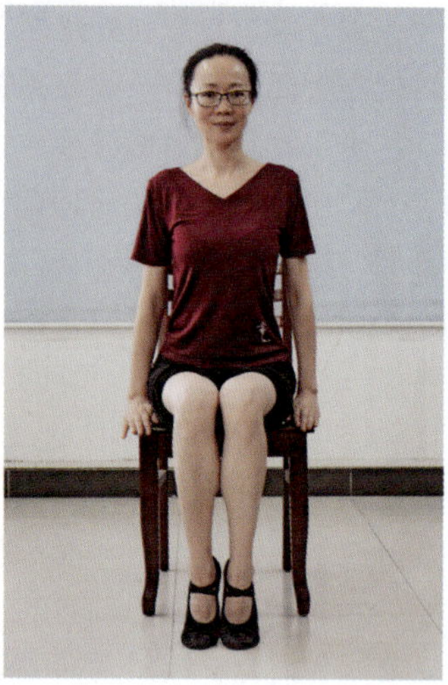

图5-2-4

2．胸部运动

【1】第1～4拍：含胸。

第5～8拍：展胸。

【2】第1～4拍：含胸。

第5～6拍：展胸。

第7～8拍：快速放松肩膀，使身体回复直立位。如图5-2-4。

【3】第1～4拍：含胸。

第5～8拍：展胸。

【4】第1～4拍：含胸。

第5～6拍：展胸。

第7～8拍：快速放松肩膀，使身体回复直立位。

3．肩部运动

【1】第1～8拍：双手平举至身体两侧，齐肩高度，从肩胛骨到手指尖要连成“一”字形。

【2】第1～4拍：右侧腰。

第5～8拍：身体回直立位。

【3】第1～4拍：左侧腰，保持手臂平衡。

第5～8拍：然后回直立位。

【4】第1～4拍：前收肩。

第5～8拍：身体回直立位。

【5】第1～4拍：后展肩。

第5～8拍：身体回直立位。

重复一次。

4．胯关节运动

基本姿态：膝盖弯曲成半蹲状态，双手叉腰。

【1】第1～8拍：左右摆胯8个。

【2】第1～8拍：右绕胯。

【3】第1～8拍：左绕胯。

【4】第1～8拍：左右摆胯8个。

【5】第1～8拍：左绕胯。

【6】第1～8拍：右绕胯。

重复此动作一次。

5. 膝盖和脚腕关节运动

（1）下蹲动作

【1】第1～8拍：下蹲。

【2】第1～8拍：双脚脚掌左右移动，下蹲2～4个。

（2）脚腕动作

准备动作：半蹲。

【3】第1～2拍：右移脚掌。

第3～4拍：右移双脚跟。

第5～6拍：左移脚掌。

第7～8拍：左移双脚跟。

重复时，先向左开始移动。

6. 走动

在轻松的音乐背景下，开始走动。走动要放松，有节奏，就像模特走台步一样的潇洒。可随堂设计走动的路线。此处的音乐根据具体情况设定长短。走一段后，做一个4拍的停顿造型，这里的造型可以是模特展示服饰的造型，也可以摆自己喜欢的靓丽造型。重复走动与造型，要走出自信与美感。

7. 坐姿组合

（1）第一组合

【1】第1～8拍：半脚尖。

【2】第1～2拍：半脚尖二点方向。

第3～4拍：停顿。

第5～6拍：半脚尖八点方向。

第7～8拍：停顿。

【3】第1～2拍：一位手到二位手，脚尖着地。

第3～4拍：四位脚七位手，眼睛一直看着右手移动。

第5～6拍：右脚脚尖移至二点方向，左脚虚点地。手臂微提。

第7～8拍：手臂落下至身体两侧自然下垂，手臂落下时眼睛转到八点方向。

【4】第1～8拍：重复反方向做。

（2）腿部动作

【5】第1～4拍：双手抓住椅子，右腿绷脚举平，眼睛看向二点方向。

第5～8拍：吸抱小腿。

【6】第1～4拍：双手抓住脚后跟往上抬腿，身体挺立，眼睛看向二点方向。

第5～8拍：立腰二点方向。

【7】第1～4拍：双手抓住椅子，左腿绷脚举平，眼睛八点方向。

第5～8拍：吸抱小腿。

【8】第1～4拍：双手抓住脚后跟往上抬腿，身体挺立，眼睛看向八点方向。

第5～8拍：立腰八点方向。

（3）椅背在体前的动作组合

【9】第1～8拍：跨坐，两手扶椅背，身体直立。

【10】第1～8拍：两边撩手两次。

【11】第1～4拍：左手往右边延展，左脚蹬直。

第5～8拍：右手往右边延展，右脚蹬直。

【12】第1～4拍：右绕腿，后背挺立胸腰上顶，抬头。

第5～8拍：右腿绕回右边。

【13】第1～8拍：左侧重复。

【14】第1～8拍：双腿沿凳面移动到后面，身体跟回放正。

【15】第1～8拍：慢慢回头看向前方，两边各做一次，四拍一次。回头看时注意自己的表情，温柔、舒展、端庄。

【16】第1～8拍：加快一倍的速度回头看，两边各做两次，两拍一次。快速回头时，就像感觉到后面有人叫自己一样，回头寻找声音的方向。

（4）椅背在体侧的动作组合

【17】第1～8拍：侧坐。

【18】第1～2拍：双腿并拢，双臂往斜举，抬头挺胸。

第3～4拍：右臂曲膝屈，眼睛看向一点方向。

第5～8拍：右手小臂外旋转，身体放松前倾。

【19】第1～2拍：双腿并拢，双臂往斜举，抬头挺胸。

第3～4拍：左臂曲膝屈，眼睛看向五点方向。

第5～8拍：左手小臂外旋转，眼睛看向一点方向。

【20】第1～8拍：做四个甩手放射形造型。

8. 礼仪姿态组合

选择节奏感强的音乐，将站姿、走、坐姿、蹲姿、介绍、手势通过队形编排。可自行发挥。

出场：走姿。

定点：站姿、坐姿、蹲姿、介绍、递名片等。

走队形：调整位置。

拓展提升

柔术，作为杂技家族中一个传统项目，被誉为超越极限的人体艺术，中华柔术，以惊、险、奇、美著称于世。

扫描二维码登录欣赏杂技柔术表演

任务3 协调性训练

案例导入

— 身体密码—协调性 —

日常生活中行走、站立、转身及下蹲等动作并不难，但需要迅速改变体位、转换动作、急起、急停或随节奏摆动身体时，身体协调性就凸显出来了。身体协调性训练可以增强身体的美感，同时锻炼灵敏度。

扫描二维码登录锻炼协调性

讨论 ① 你是否能完成反向动作，右手换左手用？

② 你是否擅长球类运动？

知识链接

协调性可以说是舞蹈最重要的训练目的。身体协调了，舞蹈自然就会好看，在其他人的眼里，舞蹈者的气质就蕴藏在舒适、协调的动作中。

一、训练前准备

（一）选择轻松、活泼的音乐，比如，巴西的舞蹈音乐、非洲的动感节奏音乐等。在轻松的氛围下，既可以激发舞蹈热情，也可以练习节奏感。

（二）椅子一把。

二、训练要求

（一）所有的动作节奏均为两拍或一拍一个，速度的快慢可以根据音乐的旋律来安排。

（二）要体现动作的动感和节奏的合拍性。

三、训练内容

准备动作：所有的学生围成一圈，坐在椅子里。

（一）爬绳子

坐正挺直后背，两腿微微分开，保持平行，做出爬绳子的动作，左右手轮换着往上爬（大约四个八拍）。然后做出扔绳子的动作，左右手轮换，右手拍到左手手心，左手抓起绳子往左边拉开，再往左边扔绳，左手撞右手，右手抓起绳子往右边拉开。两手轮换时，要做到抛接的动作，不能使手中假想的绳子停下来；在抓绳子时，抓的动作要表达清楚，看到自己的手指一个一个的弯曲；边爬边要把音乐的动感表现出来，也就是说，整个人要有动感，包括头部的摇摆感。

（二）爬杆子

手心向外，假设面前有梯子，两手轮换往上爬，然后做出引体向上的动作，手臂往下拉，身体往上顶。接着再往上爬，然后手臂做出举哑铃的动作，肘部夹紧，小臂上举。（大约四个八拍）。

（三）拍球

左右手轮换做出拍皮球的动作。然后将皮球扔给其他同学。接到球的同学又接着传球。此时的气氛轻松、快乐，能体会到简单的快乐（大约八个八拍）。

（四）脚背活动

绷脚与勾脚，先是双脚一起勾绷脚，然后分开左右脚，一个勾一个绷，并且配合自己的手臂在身体两侧摆动，类似划桨的动作，身体也要转向两边摆动（大约两个八拍）。

（五）擦地

从右脚开始往前擦地，方法和芭蕾的擦地一样，脚掌经过地面，慢慢使脚后跟离地，直至脚尖擦到绷起，然后由脚趾尖开始，一节一节的慢慢放回双脚并拢。左右脚轮换做。然后是往旁边擦地，方法如前，同样是关着胯擦地。左右脚轮换做（大约四个八拍）。

（六）画圈

右脚开始，从前往旁画圈，要求脚尖始终贴着地面。左右脚轮换做。然后从旁往前作画圈。左右脚轮换做（大约四个八拍）。

（七）脚的移动

双脚并拢，脚尖脚后跟整体左右移动（大约两个八拍）。加上手臂位置，在移动脚后跟时，小臂外翻，手心向上，两臂打开，在移动脚尖时，手臂内扣，手掌搭在膝盖上。往一边移动八次，最后一次的小臂内扣变成双手击掌，然后移向另一边，最后一次击掌。如此重复若干次（大约四个八拍）。

（八）转身

快速将双腿分开成大弓字步，脚背绷起，脚掌踩地，一只腿弯曲，另一只腿蹬直。身体转向后方，双手放在椅背上。尽可能的拧动身体到最大极限。然后慢慢收回身体到前方端正坐着。左右轮换做（大约四个八拍）。

（九）绕手臂

先从脚部开始，左右脚轮换着往前点地，往前的脚勾脚，伸直膝盖，后面的脚弯曲绷脚。节奏必须是一拍一个动作，有规律地进行。然后把手的动作加上。双臂弯曲于胸前，做滚轮子状的手部运动，向外进行环绕，速度和脚替换的速度一致。然后返回向内（胸前）环绕，脚也要配合一致（大约四个八拍）。然后把手放在椅子上，抓住椅子取得重心，让脚做踩自行车的动作，逐渐踩向高空，身体逐渐上仰。然后再反方向踩回来。加快速度踩自行车。方向往外和往内。然后不做脚的动作，只做手的环动，向外和向内环绕，到加快速度从低到高的绕动（大约四个八拍）。

拓展提升

跟我练：协调性综合训练

协调性综合训练的动作较为复杂，勤加练习，效果更佳。

扫描二维码登录练习协调性

任务4 腹背肌训练

案例导入

— 腹背肌：力与美的结合 —

腹背肌指腹部和背部的肌肉。腹背肌训练可达到最大限度舒展身体的目的。不少男士将拥有六块腹肌作为追求目标，腹肌让男士更有魅力。倘若背肌力量不够，则会出现弯腰驼背的毛病，不仅有碍体型，还会压迫到内脏，造成脊椎弯曲。

训练和强化腹背肌，需要时间和耐力，每天坚持5分钟，才会有成效。

讨论 ① 你尝试过用何种方法锻炼腹肌？

② 谈谈背肌训练方法。

扫描二维码登录练习腹背肌

知识链接

一、训练前准备

椅子一把。

二、训练内容

（一）动作编排

半蹲→全蹲→地面动作→二位脚蹲

（二）动作要求

站在椅子的背面，双手扶住椅背，让椅子成为把杆的作用。双脚站成一位脚。

1. 半蹲

膝盖往下弯曲，注意让膝盖和脚面保持一条线，脊椎直立，越往下弯就越要强调后背的直立，不能撅起尾椎。然后沿一字路线回到直立位。

2. 全蹲

膝盖往下弯曲直至底部，注意脊椎直立，力量要放在背部，避免用大腿力量下蹲，背部的力量使用能有效减少大腿的负担，从而使大腿的肌肉线条变成长条形发展而不是俗称的“花瓶腿”。感觉头顶一直悬在天花板上，整个后背拉到最大化的直立。然后压脚后跟到放平在地面，保持压脚后跟的感觉然后慢慢伸直腿，注意力量一定要放在大腿的内侧，避开外侧用力，也就避开了“花瓶腿”。

3. 地面动作

全蹲→平躺→双臂向天花板→俯卧→双手、双脚指向背部→平躺仰卧起坐屈膝平躺：全蹲下时，双腿并拢放松身体，慢慢躺在地板上，双膝弯曲。

背离地：双臂平行向天花板方向往上够，腹肌略收，后背离地十公分，然后放松手臂和身体到平躺地板的位置。

小飞燕：翻身到趴在地面，双手双脚同时往背部的中心点上提，尽可能的高。

屈膝仰卧：翻身回平躺的位置，这次把脚架到椅子上，膝盖弯曲成90度。上身做仰卧起坐状态，加上手的动作：左右手各往上抛直一次，击掌然后放松躺回地面。

二位的蹲：方法同一位蹲。蹲下时要求用内侧肌力量。

弓步侧拉：身体重心移向右侧，脚下成弓箭步，左手往右方延展，拉长身体的侧面，右手扶把。然后左手往上弧线带起，手臂平举在身体侧面，同时推直右膝到二位站立。然后换成左手扶把，左膝弯曲成弓箭步，右手往左边拉长侧部，向远处延展，然后右手带动沿上弧线带回到二位站立。

（三）动作组合

准备动作：站在椅子的背面，双手扶住椅背，让椅子成为把杆的作用。双脚站成一位脚。

【1~2】第1~8拍：半蹲四次。

【3~4】第1~8拍：全蹲两次。

【5】第1~8拍：屈膝平躺。

【6~7】第1~4拍：背离地。

第5~8拍：保持。放松手臂和身体到平躺地板的位置。

重复一次。

【8~9】第1~4拍：小飞燕。

第5~8拍：保持，然后放松手脚和身体到平趴的位置。

重复一次。

【10~11】第1~8拍：翻身平躺，屈膝仰卧四次。

【12】第1~8拍：站立，二位脚，双手扶椅背。

【13~14】第1~8拍：二位的蹲。

【15~16】第1~8拍：右弓步侧拉。

第1~8拍：左弓步侧拉

【17】第1~8拍：把脚收回到一位站立结束。

拓展提升

每天8分钟：腹肌专项练习

不少白领男士年纪轻轻就大腹便便，如何甩掉啤酒肚，获得6块腹肌？

扫描二维码登录练习腹肌

任务5 行进的舞蹈

案例导入

— 舞蹈类综艺节目 —

从早期的《舞林大会》开始，多档舞蹈类选秀节目活跃于荧屏。江苏卫视的《最炫民族风》、浙江卫视的《舞动好声音》、东方卫视的《舞林争霸》、湖南卫视的《奇舞飞扬》，还有央视的《舞出我人生》和《酷舞先锋CCTV街舞争霸赛》等，推动了舞蹈艺术的普及与发展。

扫描二维码登录学习舞蹈基本功

讨论 ① 你是否看过上述舞蹈节目？

② 谈谈你的学舞经历。

知识链接

舞蹈不仅仅是在原地的运动，更多时，舞蹈的美感通过流畅的舞蹈步伐来体现，这就需要脚下的灵活移动。所以在行进中舞蹈成为必要的训练内容。

一、训练前准备

把椅子搬开。留出足够大的教室空间。学生们在教室中间站好，每行站五人。

二、训练内容

（一）第一部分

① 往右边移动脚步四步，最后一步击掌一次。

② 往左边移动脚步四步，最后一步击掌一次。

③ 往右边移动脚步四步，加入转圈，边转边走，最后一步击掌一次。

④ 往左边移动脚步四步，加入转圈，边转边走，最后一步击掌一次。

⑤ 往后退着移动四步，最后一步双手往下摊开甩手。

⑥ 往前行进四步，最后一步双手往上举起，抬头挺胸。

⑦ 往后退着移动四步，加入转圈，边转边走，最后一步双手往下摊开甩手。

⑧ 往前行进四步，加入转圈，边转边走，最后一步双手往上举起，抬头挺胸。

改变方向，面对三点方向，重复前面的8个步骤。之后再改变方向到五点和七点，各重复一次。

这种舞步看上去很简单，不过在不停地转变方向时很容易弄错方向，所以在锻炼方向感上有很好的功效。

（二）第二部分

学生们面对面站成两排。

① 用小错步向前行进，双臂抬起至肩膀的高度，一只手在胸前，另一只手在身体侧面，手心朝下，直臂。手脚的配合如下：左手在胸前时，右脚在前，反之，右脚在后。注意这是容易混淆的动作。

② 行进到一整排时，脚下变成原地垫步。手放在身体两侧自然下垂。做一次抬头挺胸，做一次低头弯腰。注意要和脚下的动作完全一致。

③ 继续用小错步向对面行进，然后返回。

④ 用吸跳步摆动手臂往前跳，到中间一直排时停下右脚往前勾脚点地，左脚在后弯膝，两手上扬打开。然后转身做跑步的准备状。再出左脚勾脚点地，右脚在后弯膝，手臂上扬打开。再回身做跑步状。然后继续用跑跳步跳至对面。然后返回。

（三）第三部分

结束的行礼舞蹈。

① 所有的学生手拉手围成大圆圈。往前走四步举手鞠躬，后退四步举手鞠躬，向两边的同学摆手示意。如此重复两次。

② 连成火车形（手搭在前一人的腰上），在欢快的音乐中愉快地行进，速度不能太快，否则后面的同学容易跟不上队伍。

③ 转变音乐变成舒缓的音乐，慢慢地在音乐中走到每排五个人的队形，面对老师站立。

④ 右手右脚同时往右边打开，左右打开的同时把左脚放在右脚的后面点步位（即脚掌踩在地上，两脚膝盖碰在一起）。鞠躬示意。然后往左边重复一次。在鞠躬时，要挺直后背，只是微微点头示意即可。

拓展提升

舞出我人生

《舞出我人生》是一档公益明星舞蹈真人秀节目，从2013年4月14日首播，历时两个多月，刘璇、韩艺博组合以3票的微弱优势险胜杨志刚、廖智组合摘得总冠军。

扫描二维码登录观看总决赛

项目六

韵律训练

学习目标

❶ 加强训练颈、肩、腰、手的灵活性
❷ 通过舞蹈组合训练身体的协调性
❸ 增强自信及肢体的表现力
❹ 塑造正确优美的体态

情境描述

形体美的十大标准

1. 躯干骨骼发育正常

脊柱正视垂直。侧看曲度正常——骨骼的异常，将直接影响到身体的外观。一些人平时不注意自己的坐姿，久而久之，会改变脊柱的弯曲度，以致成年后弓腰驼背，姿势不雅。

2. 四肢长而直，关节不显得粗大突出

长期习惯或保持某些特定的姿势，会缓慢地影响形体。如骑马的牧民和船上的水手，大多是罗圈腿，所以运动锻炼时全面考虑运动范围，切忌过于单一。

3. 头顶隆起，五官端正

在体育运动中，一些要突出表现形体美的项目中，教练员宁愿挑选头部稍小的苗子来进行训练。头顶微微隆起，构成的圆弧与全身的线条保持流畅和谐，与端正的五官显得协调。如果两个身材差不多的运动员经过一段时间的训练，肌肉同样发达，但给人们的印象却是头部较小的运动员肌肉更强壮些。

4. 两肩平正对称，男宽女圆

男子的肩膀宽阔，可以显示雄壮威武的气概，女子圆润的肩膀，可以突出其曲线美。

5. 胸廓饱满

有宽大而隆起的胸部；人才显得健壮结实，富有活力。一个男子如果把胸大肌和背阔肌锻炼得发达，他的上身就会呈现 V形而显得挺拔有力。而女性则要有丰满的胸部才能充分地显示出身体的优美曲线，表现女性特有的魅力。

6. 腰细而结实

从古到今很少有人以腰粗为美，我国高山、景颇、阿昌、独龙等少数民族在青少年时期就用竹篾将腰部扎紧，以便于奔跑和劳动。应当通过坚持体育锻炼来消除沉积在腰部的多余脂肪，如此就自然出现一个呈圆柱形的挺拔的腰杆。

7. 腹部扁平

健美的身材要求腹肚扁平。鼓出而下垂的腹部是不美观的。

8. 臀部圆翘，球形上收

如果两个骨骼比例一样的人站在一起，那么臀部圆翘者将显得躯短腿长，重心高，身材漂亮。我国传统观念视该部位不雅，而希腊人却认为臀部是属于人类特有的，在解剖学上有异常美丽的曲线，还为之专门修建庙宇表示崇拜。中世纪的德国人认为圆臀是人区别魔鬼的标志。人类学家认为亚洲人身材稍逊的症结，在于臀部扁宽，腰身松而肥。所以，我们应通过经常的体育锻炼收紧臀部肌肉，这样有助于展示身体之美。

9. 腿修长而线条柔和

小腿腓部稍突出，腿部的健美靠健壮的肌肉衬托。肌肉不发达的腿，纤细缺乏力度；如果脂肪多则会粗似“象腿”。唯有肌肉健壮的腿，线条才会略有起伏，显得结实而健美。

10. 踝细、足弓高

人体最下端的足虽不起眼，但却有26块骨头、24条肌肉及114条韧带默默支撑着全身的重量。踝关节相对细小，会显得灵活；足弓高行走时步伐富于弹性。这些对于身体美的构成及表现也具重要意义。

任务1 健美操

案例导入

— 大运会上的健美操比赛 —

健美操项目是一个时尚而又充满活力的运动，在大学校园具有良好基础。深圳大运会组委会特别向国际大体联申请，让健美操这项“大学的运动”第一次出现在大运会舞台上。

第26届世界大学生夏季运动会健美操项目包括有氧舞蹈、混合双人操、三人操、有氧踏板和集体操5个单项，中国队豪取5金，展现强大实力。

扫描二维码登录欣赏健美操表演

讨论 ① 你校有无健美操比赛？

② 谈谈给你留下印象最深的健美操表演。

知识链接

健美操是在音乐伴奏下以有氧运动为基础，融合体操、舞蹈、美学于一体的大众健身方式。通过健美训练，可使全身各关节得到充分活动，各部位肌肉得到均衡发展，塑造良好体态，达到改善健康状况、塑造形体、提升气质的效果。

一、训练目的

（一）培养学生对音乐的感受能力

（二）塑造学生正确的身体姿态，增强学生身体的协调性、灵活性、柔韧性等

（三）掌握有关健美操的基础步伐，养成良好的锻炼习惯

二、训练前的准备

（一）配有镜子练功房

（二）有弹性、纯棉质地、柔软、舒适的服装

（三）具有一定弹性和弯曲性、大小合适的运动鞋

（四）节奏鲜明的音乐

三、训练组合

（一）基本手形

1. 手形

（1）合掌　五指伸直，相互并拢。大拇指微曲，指关节贴于食指旁。如图6-1-1所示。

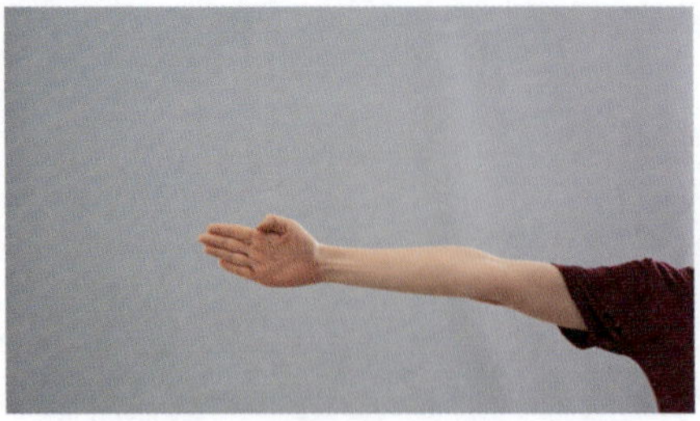

图6-1-1

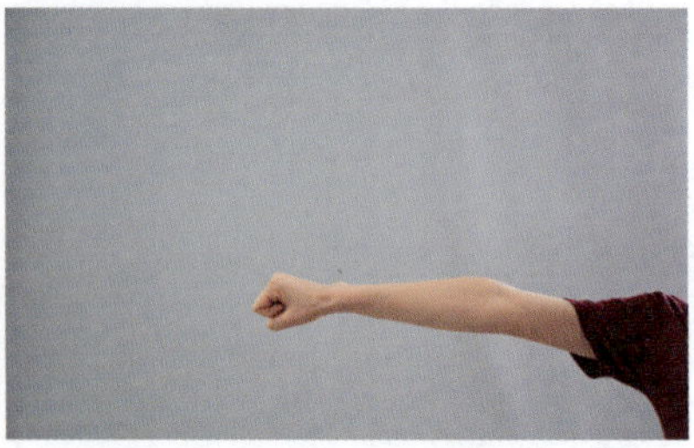

图6-1-2

图6-1-3

图6-1-4

（2）拳　五指弯曲紧握，大拇指压在食指弯曲部位。如图6-1-2。

2. 上肢动作

（1）举　以肩为轴，臂的活动范围不超过180度。而停止在某一部位的动作，包括单臂和双臂的前举、侧上举、侧下举、上举等。如图6-1-3。

（2）屈　关节产生一定的弯曲角度包括胸前屈、胸前平屈、肩侧屈、肩上侧屈、肩下侧屈、肩上前屈、腰头后屈。如图6-1-4。

（二）基本步伐

1. 踏步

动作做法：单拍完成动作。两腿在原地交替抬起和落地。

动作变化：踏步分腿与并腿、踏步转体等。

2. 走步

动作做法：单拍完成动作。迈步移动。向前走时，脚后跟先落地，过渡到全脚掌；向后走。相反。

动作变化：向前（后）走步、45度方向走步、转体的走步。

3. 一字步

动作做法：4拍完成动作。两脚步依次向前一步，并拢，再依次退一步，还原。

第1拍：右脚向前一步；

第2拍：左脚并右脚；

第3拍：右脚后退一步回原位；

第4拍：左脚后退并右脚。

动作要领：前后均有并腿过程，两膝始终有弹性地缓冲。

动作变化：向前（后）一字步、转体的一字步。

4. 并步

侧并步为原始动作。

动作做法：4拍完成动作。一脚向旁迈出，另一脚随之并拢屈膝点地，再向反方向迈步。

动作要领：双膝始终保持弹动，动作幅度和力度可随风格而定。

5. V字步

动作做法：4拍完成动作。以右脚为例。

第1拍：右脚向右前迈一步，屈膝缓冲；

第2拍：左脚向左前迈一步成屈膝半蹲，两脚运动轨迹成V字形；

第3拍：右脚退回原位；

第4拍：左脚退回原位并右脚。

动作要领：迈出的脚以脚跟着地，过渡至全脚步，两脚之间的距离比肩宽。身体重心在两腿之间。

动作变化：向前（后）的V字步、转体的V字步、跳的V字步。

6. 迈步点地

动作做法：一脚向侧迈一步，双腿经屈膝移重心；另一腿向前、侧或后，用脚尖或脚跟点。

7. 迈步吸腿

动作描述：一脚迈出一步，另一腿屈膝抬起，然后向反方向迈步。

动作变化：包括侧吸腿和前吸腿。

8. 后屈腿

一脚迈出一步，另一腿后屈膝抬起，然后向反方向迈步。

动作要点：经过屈膝半蹲，主力腿稍屈膝，后屈腿脚跟抬起时尽量向臀部靠。如图6-1-5。

（三）健美操组合

准备动作：小八字步站立，两手自然下垂。

【1～2】第1～8拍：原地踏步，臂屈体侧自然摆动。

【3】第1～2拍：右脚前一字步，双臂屈抬至胸前，手握拳，手心向下。

第3～4拍：左脚后退一字步，双臂放下。

第5～8拍：重复一次。

【4】第1～8拍：再重复两次。

【5】第1～4拍：右脚向右连续并步两次，两臂侧平举两次，握拳，手心向下。

图6-1-5

第5～8拍：左脚向左连续并步两次，两臂侧平举两次，握拳，手心向下，回到原点。

【6】第1～8拍：重复一次。

【7】第1～3拍：右脚前踏步，臂屈体侧自然摆动。

第4拍：前吸左腿，右臂屈抬至胸前，左臂体侧平举。

第5～7拍：左脚后踏步，臂屈体侧自然摆动。

第8拍：前吸右腿，左臂屈抬至胸前，右臂体侧平举。

图6-1-6

【8】第1～8拍：重复一次。

【9】第1～3拍：右脚向右连续并步两次，两臂侧平举两次，握拳，手心向下。如图6-1-6。

第4拍：后吸左腿，手臂同上。

第5～7拍：左脚向左连续并步两次，两臂侧平举两次，握拳，手心向下。

第8拍：后吸右腿，手臂同上。

【10】第1～8拍：重复一次。

【11～12】第1～4拍：右V字步，双臂屈抬至胸前，手握拳，手心向下。

第5～8拍：重复3次。

【13】第1～8拍：踏步。

【14～25】第1～8拍：重复左边。

【26】踏步。

结束。

拓展提升

中国大学生健美操艺术体操锦标赛

中国大学生健美操艺术体操锦标赛自2008年创办以来，一直作为我国大学生健美操艺术体操的一项传统赛事，来自全国各省市和港澳台地区的百所高校的运动员参赛。

扫描二维码登录观看比赛

任务2 中国古典舞

案例导入

—2013年度中国舞蹈排行榜—

2013年度中国热门舞种

街舞、广场舞、拉丁舞、爵士舞、芭蕾舞、民族舞、肚皮舞、钢管舞、现代舞、古典舞。

广场舞人群数量最多毋庸置疑，但这部分人整体参与度、尤其是网络参与度不强，与之形成对比的是街舞，在网络上具有极强的活跃度；现代舞和肚皮舞则表现出了很强的增长性。相关舞种的社会人口数量和热度，是此次评选的重要维度。

2013年度中国十大舞蹈文化城市

北京、上海、广州、深圳、郑州、成都、杭州、南京、武汉、天津。

舞蹈文化是一个城市文化的重要组成部分，北上广没有悬念的占据了前三，而其余7个城市的总得票数并无太大差别。评选的维度考虑的比较充分，从舞蹈人口、舞团舞校和舞蹈培训等的数量，到舞剧等的演出情况和城市舞蹈热度等一应俱全。

2013年度中国热门舞剧

《孔雀》、《沉沉的厝里情》、《红高粱》、《丝路花雨》、《铁道游击队》、《简·爱》、《粉墨春秋》、《茶马古道》、《千手观音》、《一起跳舞吧》。

2013年，舞蹈女神杨丽萍的《孔雀》在各地巡演一票难求，奠定了其榜首地位。莫言的一句“后生可畏”，道出了对舞蹈界代表性组合王舸、许锐编导的《红高粱》的期盼和赞许。乡情、民情、亲情、爱情，《沉沉的厝里情》以真情打动普通观众的心情。《铁道游击队》的豪华男演员阵容让人为之侧目。海派代表《一起跳舞吧》通过尝试当下题材而与时俱进。《丝路花雨》则让国外邀约演出不再是出门赚吆喝的华人自捧。

2013年度中国十大知名舞蹈团

中央芭蕾舞团、中国歌剧舞剧院、中国东方歌舞团、上海芭蕾舞团、上海金星舞蹈团、杨丽萍文化传播有限公司、舞佳舞舞团、浙江歌舞剧院、北京雷动天下现代舞团、广州芭蕾舞团。

虽然舞蹈团的实力非一日之功，但其市场和网络影响力还是有迹可循，甚至像金星和刘福洋等名人效应也为各自舞团的网络投票带来了可观的直接贡献。

2013年度中国十大知名舞蹈培训机构

华翎钢管舞、嘻哈帮街舞培训、湖北单色文化、索尔拉丁舞培训、深圳港龙舞蹈、上海文广舞之梦、武汉贝卡舞蹈、成都菲亚舞台艺术、北京悦舞、杭州ID酷国际街舞。

2013年度中国十大知名舞蹈服饰品牌

三沙、贝蒂、红舞鞋、丹诗戈、笛雀儿、三莎、红雨、动线、舞之恋、康尼。

2013年度中国十大知名舞蹈网站

中国舞蹈网、中华舞蹈网、蛋七蛋舞、中国舞蹈家协会、天天艺术、唯舞、中国体育舞蹈网、街舞爱好者、曳舞天下、就爱肚皮舞。

（来源：http://www.cdsf.org.cn/a/index/38523.html）

讨论：每个人心中都有一个舞蹈梦，谈谈你与舞蹈的故事。

扫描二维码登录进行古典舞基本功训练

知识链接

中国古典舞训练是将传统戏曲、武术的精华糅合到一起，在借鉴芭蕾训练的基础上，提炼出具有中国特色的古典舞训练。它的特点是呼吸带动腰部及肢体的运动。通过手、眼、身、步结合，形神兼备，展现独特的东方神韵与气质。

一、训练目的

（一）训练眼神和手的配合

（二）训练学生手臂的表现力和上身的韵律

二、训练前准备

（一）配有镜子和训练房

（二）有弹性、纯棉质地、柔软、舒适的服装

（三）软底鞋

（四）节奏鲜明的音乐

三、训练组合

（一）基本体态

1. 盘坐

双腿交叉盘坐，提气立腰，上身直立，两臂放松，手指放松。

2. 基本动作

提：吸气。

从尾椎开始到颈椎一节节向上提，到头顶完全垂直的基础上，保持最开始的盘坐体态。如图6-2-1。

图6-2-1

图6-2-2

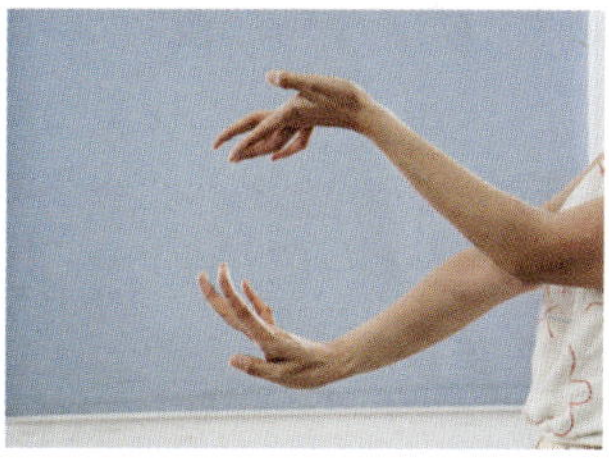

图6-2-3

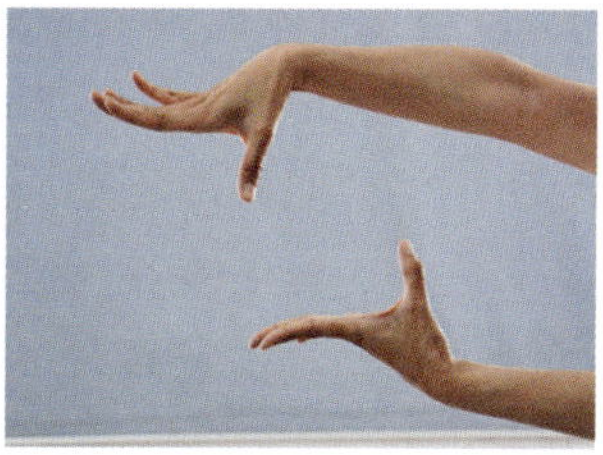

图6-2-4

图6-2-5

沉：呼气。

在盘坐的基础上，从尾椎开始一节节向下放松，到颈椎和头完全松下去的时候，身体呈球状的状态（头顶向前，不要完全对着正前方，以能看到额头为佳）。如图6-2-2。

（二）基本手形

1．掌

女掌（兰花指）：大拇指靠近中指指肚的位置，食指和其他指头外展成兰花状。如图6-2-3。

男掌：虎口张开，指根压紧，指尖上翘，手腕与手背有一定的弧形。如图6-2-4。

2．指

女指：食指伸直上翘，拇指与中指轻捏，其余二指弯曲靠拢中指。如图6-2-5。

男指：食指、中指靠拢伸直，拇指与无名指成圈状，手腕与手背成弧状。

3．眼神的方位（头的位置）

将面前分为左（八点方向）、中（一点方向）、右（二点方向）三个区，每区又分上、中、下三点，即：

右上位：右侧斜上45度，眼睛随到此位置。如图6-2-6。

右中位：右侧平行于眼睛的位置。

右下位：右侧斜下45度，眼睛随到此位置。

正上位：正面斜上45度，眼睛随到此位置。

正中位：正面平行于眼睛的位置。

正下位：正面斜下45度，眼睛随到此位置。如图6-2-7。

左上位：右侧斜上45度，眼睛随到此位置。如图6-2-8。

左中位：右侧平行于眼睛的位置。

左下位：右侧斜下45度，眼睛随到此位置。

共九个眼神训练的点。

（三）手眼组合

准备动作：盘腿坐在地面，双手放于双膝。

【1】第1～4拍：提。

第5～8拍：停。

【2】第1～4拍：沉。

第5～8拍：停。

【3～4】第1～8拍：重复。

【5～6】第1～8拍：坐姿，眼随头慢起（身体提），眼盯住前方一点，慢落（沉）1次。

【7～8】第1～8拍：重复一次。

【9】第1～8拍：坐姿，眼随头慢起（提），眼盯住前方一点，快落（沉）1次。

【10】第1～8拍：重复一次。

【11】第1～4拍：坐姿，眼随头快起（提），眼盯住前方一点，快落（沉）1次。

第5～8拍：重复一次。

【12】第1～4拍：提。

第5～8拍：沉。

【13】第1～2拍：右手指形8点方向上位指点1次，同时提，眼随手移动。

第3～4拍：右手指形正下位指点1次，眼随手。

第5～6拍：右手指形2点方向上位指点1次，眼随手。

第7～8拍：右手压腕略下移，提腕，同时身体略沉、提。

【14】第1～2拍：右手指形2方向正中位指点1次，眼随手移动。

第3～4拍：右手指形正中位指点1次，眼随手。

第5～6拍：右手指形8点方向正中位指点1次，眼随手。

图6-2-6

图6-2-7

图6-2-8

第7～8拍：右手收回，沉。

【15】第1～2拍：右手指形方向，任意位置指点1次，眼随手移动。

第3～4拍：右手指形位,任意位置指点1次，眼随手。

第5～6拍：右手指形位,任意位置指点1次，眼随手。

第7～8拍：收右手，沉。

【16】第1～4拍：提。

第5～8拍：沉。

【17-20】左手重复一次。

结束。

（四）茶艺组合

准备：1．音乐：古筝，古琴

2．茶具一套

3．桌、椅

动作要领：将上面训练手腕的动作用于茶艺表演组合。注意提腕、压腕、绕腕、悬腕的韵律。

拓展提升

全国电视舞蹈大赛古典舞《满江红》

中国古典舞《满江红》以其壮烈的气势，悲壮的音乐，粗犷而又地道的表演，获得第七届全国电视舞蹈大赛中国古典舞组金奖。

扫描二维码登录欣赏

任务3 蒙古族民间舞

案例导入

— 蒙古族舞蹈的风格 —

蒙古族是中国北方的游牧民族，从事畜牧狩猎生产。由于长期生活在草原地理环境和气候条件下，自古以来崇拜天地山川和雄鹰图腾，因而形成了蒙古族舞蹈浑厚、含蓄、舒展、豪迈的特点。

扫描二维码登录学习蒙古族舞蹈的分解动作

蒙古族是一个骑马民族，骑着马驰骋在辽阔的草原上，使蒙古民族形成了特有的草原文化风格。由于长期骑马的缘故，蒙古族的舞蹈动作多是以肩部和臂部为主，如硬肩、软肩、圆肩、甩肩、碎抖肩，硬手、软手、压腕、弹腕、翻腕等动作，再加上绕圆、拧转、横摆扭、拧倾等四种主要动作。这些不同的形体动作形成了蒙古舞蹈的特有风格。

讨论 谈谈你最为欣赏的蒙古族舞蹈。

知识链接

蒙古族主要聚居于我国北方，世代逐水草而居，从事游牧和狩猎劳动，由此创造了灿烂的草原文化。蒙古族民间舞表现了长期生活在草原上的蒙古族人民的勇猛、剽悍、热情、豪爽的性格。其中很有代表性的是肩部动作，下面选取此组合作为肩部训练。

一、训练目的和要求

（一）训练目的

（1）使紧张的肩部放松；

（2）改善肩部体态；

（3）培养学生的协调性和韵律感。

（二）训练要求

（1）做肩部动作必须要自然、松弛、灵活；

（2）硬肩有力，要求有顿挫感；

（3）柔肩柔韧，连绵不断；

（4）笑肩的重拍在下；

（5）所有肩部动作必须沉下来，切忌端肩，不可憋气，各种肩的动作与步伐要协调配合。

二、训练前的准备

（一）配有镜子练功房

（二）有弹性、纯棉质地、柔软、舒适的服装

（1）女生　带跟的皮鞋或皮靴。

（2）男生　皮靴。

男女均可以戴头饰。

（三）音乐节奏：2/4拍蒙古族音乐，节奏感要强。

三、基本动作

（一）基本脚位

1. 自然脚形

2. 脚位

（1）正步　脚自然并拢，脚尖向前；

（2）八字位

小八字位。如图6-3-1。

中八字位（右脚向旁迈一脚距离）。如图6-3-2。

大八字位（右脚向旁迈一步距离）。如图6-3-3。

（3）前虚丁位

前丁字点位：右脚掌点地于左脚足弓前。如图6-3-4。

中丁字点位：右屈膝，向前迈出一小步距离，左腿稍屈。如图6-3-5。

大丁字点位：右屈膝，向前迈出一步距离，左腿半蹲，重心在后。如图6-3-6。

（4）踏步位

踏步位：左屈膝脚掌点地于右脚跟外侧。

中踏步位：左屈膝，向后迈出一小步距离，右腿稍屈，重心在前。如图6-3-7。

大踏步位：左直腿向后迈出一大步，右腿半蹲，重心在前。如图6-3-8。

（二）基本手位

1. 手形

（1）平掌　四指并拢，拇指自然伸直。

（2）自然掌　五指自然张开。

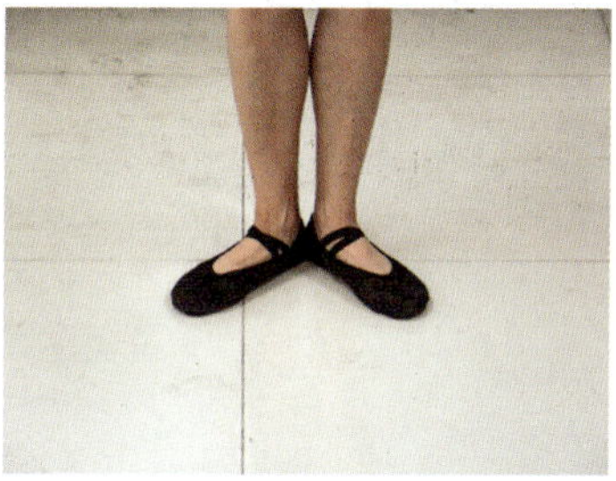

图6-3-1

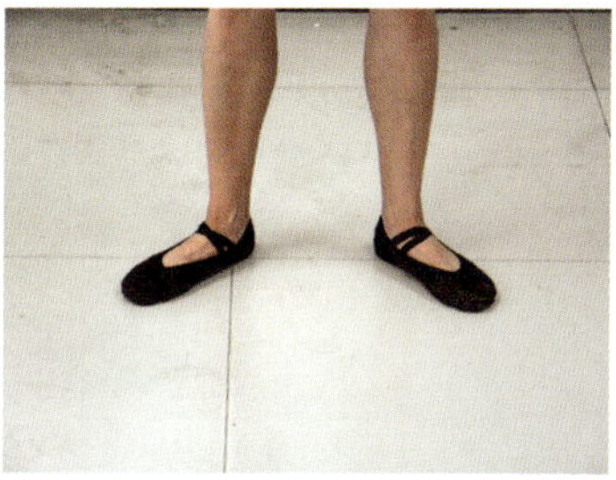

图6-3-2

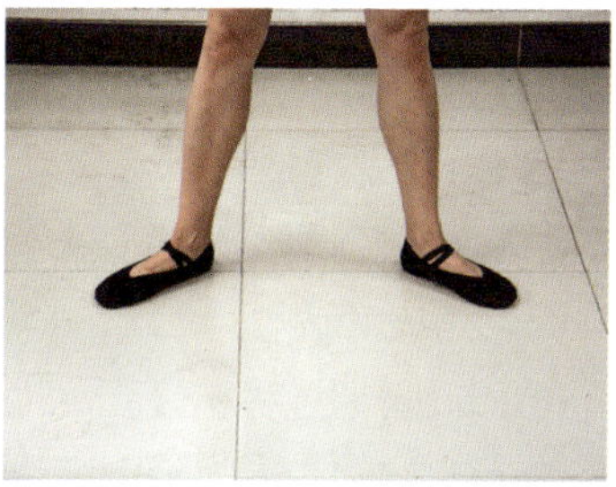

图6-3-3

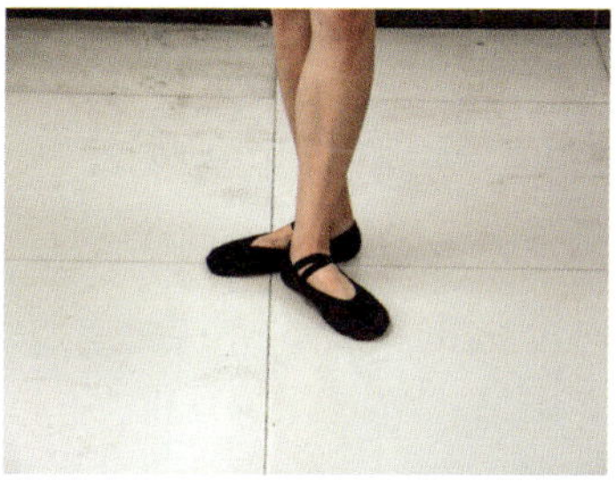

图6-3-4

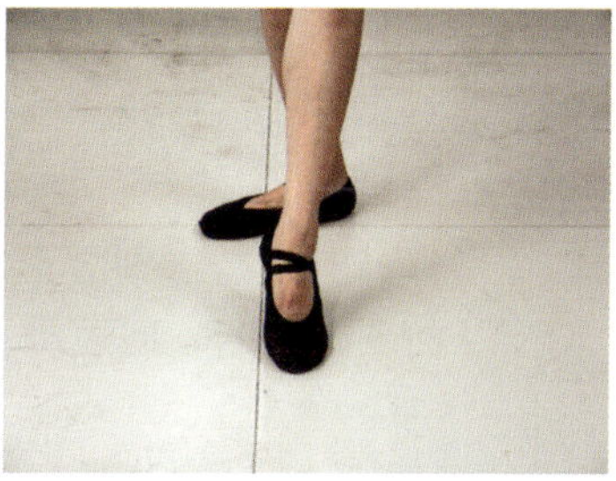

图6-3-5

图6-3-6

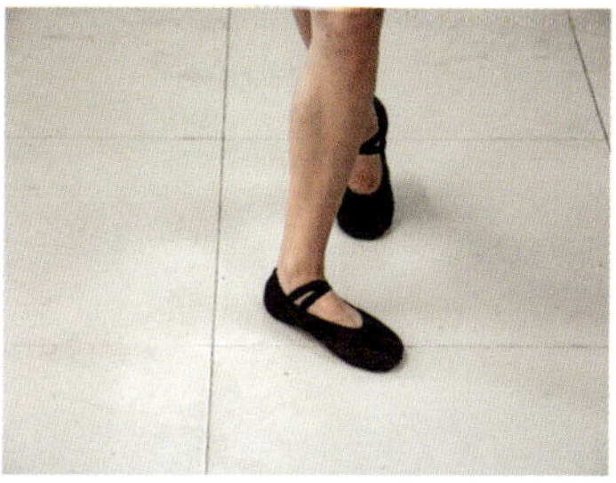

图6-3-7

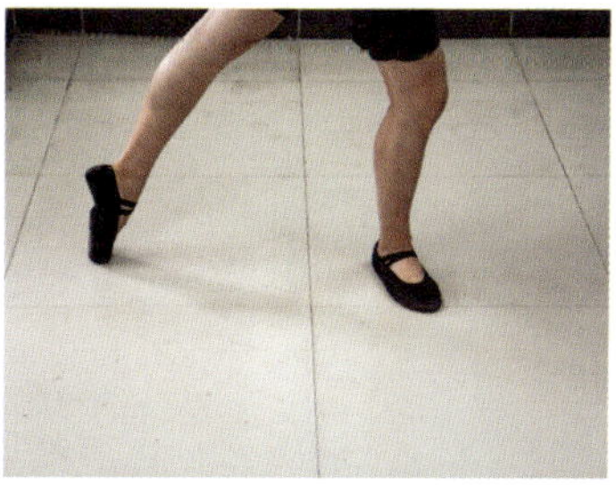

图6-3-8

（3）空心拳　空心握拳。

2. 基本手位

叉腰：双手空心拳，拇指张开与四指第一关节叉于胯骨处，手腕下压。如图6-3-9。

图6-3-9

（三）基本体态（以右侧为例）

头向八点方向，身体对二点方向，双手空心拳叉腰，提胯，立腰拔背，右踏步。

（四）常用舞姿

1. 硬肩

2拍完成。

（1）准备动作　小八字步位，两手叉腰，立腰、挺胸、下巴稍抬，头视一点方向。如图6-3-10。

图6-3-10

（2）动作做法

1拍：右肩收回，左肩推出。

1拍：右肩推出，左肩收回。

2拍：反之。这样轮番交替着连续运动。

2. 柔肩

4拍完成。

（1）准备动作　同上。

（2）动作做法

同硬肩，过程稍慢。

第1～2拍：右肩经下弧线把肩推上去。

第3～4拍：把右肩压下来，以此交替。过程慢而柔韧，内在、含蓄、连贯。

3. 双绕肩

4拍完成。

（1）准备动作　同上。

（2）动作做法

第1～4拍：以自身为轴心，双肩从前上方顶起，向后绕，形成360度环动。亦可单绕肩。肩的环动要柔和、连贯。

4. 耸肩

1拍完成。

（1）准备动作　同上。

（2）动作做法

1拍：双肩向上耸，双肩下落。

耸肩可单耸、双耸。

5. 笑肩

1拍完成。

（1）准备动作　同上。

（2）动作做法

1拍：同耸肩相同，只是其重拍不同，笑肩是重拍落。通常连续2次笑肩与3次笑肩接着做，表现出轻松愉快的情绪。

四、肩部组合

（一）动作

1. 肩部动作

硬肩、揉肩、耸肩、绕肩。

2. 步伐

碎步、踏步、虚丁步。

（二）组合编排

准备动作：小八字位，双手叉腰。

前奏：一个八拍。

【1】第1～4拍：右硬肩两次。
第5～8拍：左硬肩两次。

【2】第1～7拍：右、左硬肩交替七次。
第8拍：左踏步。

【3】第1～4拍：右、左硬肩四次，同时上身前倾。
第5～8拍：左、右硬肩四次，同时回正。

【4】第1～4拍：右、左硬肩四次，同时上身后倾成右虚丁位。
第5～8拍：左、右硬肩四次，同时回正。

【5】第1～8拍：左、右硬肩四次，同时左踏步四次，右脚右转，身体右转向三、五、七、一点方向，第8拍左脚上二点成大右踏步动作。如图6–3–11。

图6–3–11

【6】第1～8拍：右大踏步，右、左揉肩两次，同时身体前倾。

【7】第1～8拍：右、左揉肩两次，同时身体回正位。

【8】第1～8拍：右、左揉肩两次，同时身体后倾。重心移至右脚，左脚虚丁。如图6–3–12。

图6–3–12

【9】第1～8拍：左、右硬肩八次，同时右踏步4次左脚向右，身体左转向七、五、三、一点方向。
第8拍：右脚上八点成大左踏步动作。

【10～13】重复【6～9】。

【14】第1～3拍：耸肩一次，同时大八字位，身体右前移。
第4拍：身体回位，右踏步。
第5～8拍：耸肩两次。

【15】第1～3拍：耸肩一次，同时大八字位，身体左前移。如图6–3–13。

图6–3–13

第4拍：身体回位，左踏步。

第5~8拍：耸肩两次。

【16】第1~4拍：右、左绕单肩两次，正步屈膝八点方向。

第5~8拍：右、左绕单肩两次，正步屈膝二点方向。

【17】第1~7拍：绕双肩四次，第1拍时向右后转五点方向正步。

【18】第1~4拍：绕双肩四次，第1拍时向右后转一点方向正步。

结束。

拓展提升

中国蒙古舞蹈大赛

中国蒙古舞蹈大赛自2004年开始至2012年已经成功举办了三届，其中的一些参赛作品多次获得全国舞蹈比赛大奖。

扫描二维码登录观看比赛

任务4 维吾尔族民间舞

案例导入

— 维吾尔族舞蹈的特色 —

维吾尔族同胞居住在我国西北部地区的新疆，那里地处古丝绸之路，古称“西域”，是中原文化、阿拉伯文化、印度文化、西域本土文化的汇合点。

维吾尔族舞蹈强调昂首挺胸、立腰、拔背而产生的立感，给人一种高傲挺拔、外向的感觉。维吾尔族舞蹈律动的基本特征为膝部规律性的连续颤动和变换动作时的一瞬间的微颤，使其动作衔接自然潇洒、柔和优美。

讨论 谈谈你最为欣赏的维吾尔族舞蹈。

扫描二维码登录练习分解动作

知识链接

维吾尔族主要分布在新疆维吾尔自治区。该民族历史悠久、文化灿烂，素有“歌舞之乡”的美誉。

维吾尔族舞蹈最有特色的动作是“微颤”，膝部作规律性的连续微颤，或在变换动作时瞬间的微颤，使动作柔和优美、衔接自如。另一特点是擅长头部和手腕的运用，通过移颈、摇头、翻腕、绕腕等丰富多变的动作，以及昂首、立腰、挺胸、拔背的体态，加上眼神的巧妙配合，使舞蹈色彩浓郁，别具一格。

一、训练目的

（一）增强身体的灵活性，注意手、眼、身、法、步的配合

（二）训练昂首、立腰、挺胸、拔背的体态

（三）通过训练使颈部和手腕的僵硬状态得到改善

二、训练前准备

（一）配有镜子练功房

（二）女生：有跟的鞋，裙装。男生：靴子

（三）音乐伴奏多用切分音、附点节奏

三、训练组合

（一）基本体态

小八字位，垂手，昂头、挺胸、立腰、拔背、提胯。

（二）基本手形

女性的手形近似兰花指，手指自然弯曲，中指向掌心拇指靠近。如图6-4-1，图6-4-2。

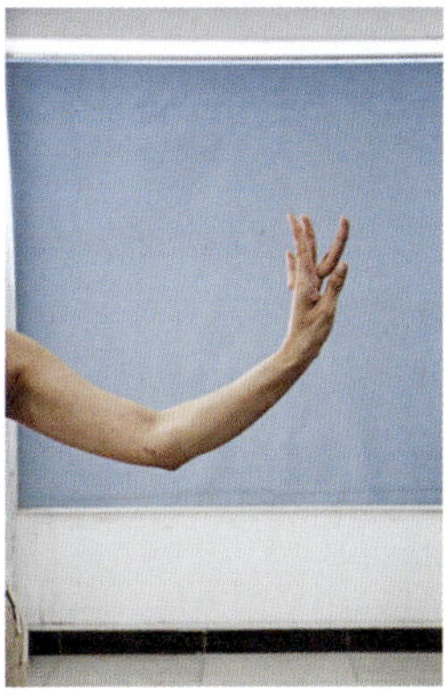

图6-4-1

图6-4-2

男性的手形为五指自然分开。

立腕。

压腕。

提腕。

（三）基本手位

1．叉腰位

双手虎口打开，拇指和食指叉腰，其余手指伸直，手心向下。如图6-4-3。

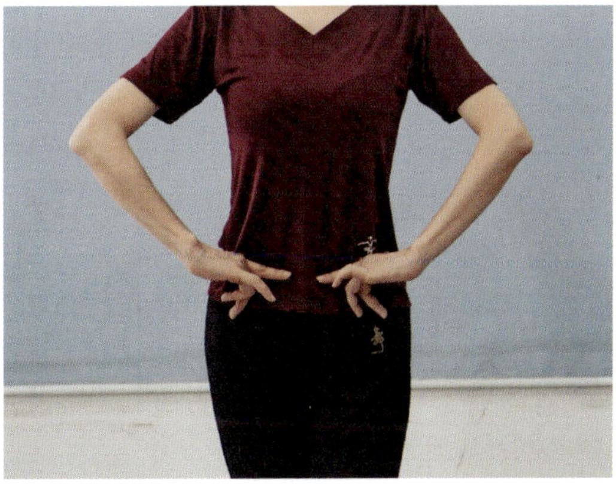

图6-4-3

2．提裙位

双手在体侧斜下方，翘指。如图6-4-4。

单手提裙：单手体侧提裙，另一手臂在头顶绕腕托起，臂微屈。

3．立腕横手位

双手侧平举，立腕。如图6-4-5。

4．顺风旗位

一手托掌，一手山膀（侧平开）立腕。

5．托帽式

左手左斜上方压腕，翘指，略曲臂，右手心向上似托帽。如图6-4-6。

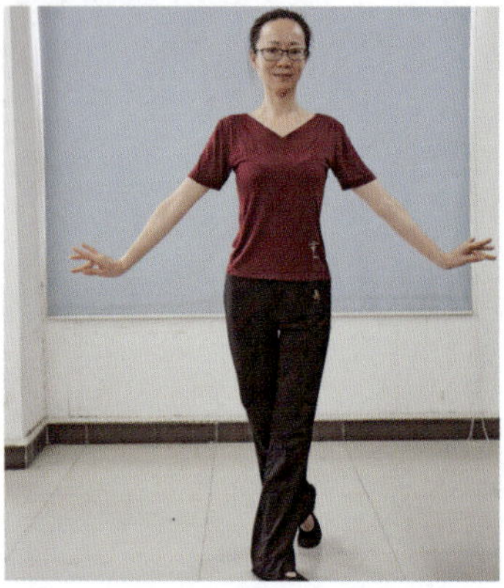

图6-4-4

图6-4-5

图6-4-6

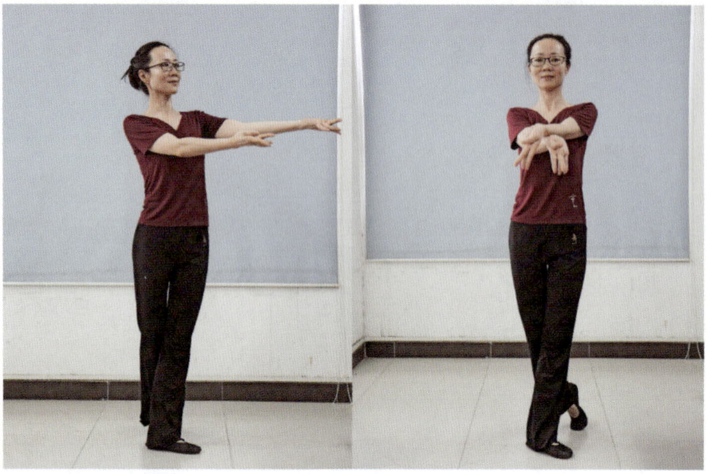

图6-4-7

图6-4-8

6．摊掌

手心朝上，平摊打开。如图6-4-7。

7．推掌

立腕，花手。手心朝前推手。如图6-4-8。

8．扶胸式

手扶于胸前，可单双手。

（四）基本脚位

1．旁点位

左脚向前；右脚离左脚一脚距离旁点地。如图6-4-9。

2．后点位

左脚向前；右脚在左脚后点地。

（五）动作组合

准备动作：小八字位，垂手。

【1】第1～8拍：准备。

【2】第1～4拍：摊手。

第5～8拍：叉腰。

【3】第1～4拍：右移颈2次。

第5～8拍：左移颈2次，回到原位。

【4】第1～8拍：左边重复1次。

【5】第1～4拍：八点方向起，双手摊手至斜提裙手位，视线由八点方位环视至二点方位。

第5～6拍：绕腕。

第7～8拍：原地摇身点（左脚）点颤两次。

【6】第1～4拍：二点方向起双手摊手至右提裙手位，左手移至头顶，视线由二点方位环视至八点方位。

第5～6拍：绕腕。

第7～8拍：原地摇身点颠（右脚）两次。

【7～8】第1～8拍：反方向重复1次。

【9】第1～4拍：双手提起，摊手至平开手位。如图6-4-10。

第5～8拍：绕腕成立腕。

【10】第1～8拍：移颈4次。

【11】第1～4拍：左脚向二点迈，右脚踏步，双手摊、推，同时膝部颤2次。

第5～8拍：双手摊、推，同时膝部颤2次。

【12】第1～8拍：反方向重复1次。

【13】第1～4拍：向右平摊手，移颈。

第5～8拍：绕腕左手托帽式，左脚后点颤2次。

【14】第1～8拍：反方向重复1次。

【15】第1～4拍：双手胸前平摊手。

第5～8拍：形成绕腕立掌。

【16】第1～4拍：二点方向移颈2次。

第5～8拍：八点方向移颈2次。

【17】第1～4拍：右手扶胸式。如图6-4-11。

第5～8拍：左手扶胸式。

【18】第1～4 拍：平摊手。

第7～8拍：回到双叉腰位置上。

结束。

图6-4-9

图6-4-10

图6-4-11

拓展提升

《吐鲁番的葡萄熟了》

《吐鲁番的葡萄熟了》旋律优美，将吐鲁番最具有代表性的民族风情用舞蹈的形式展现在观众面前。

扫描二维码登录欣赏

参考文献

1. 金正昆．服务礼仪[M]．北京：北京联合出版公司，2013．
2. 金正昆．商务礼仪教程[M]．北京：中国人民大学出版社，2013．
3. 杨路．高端商务礼仪[M]．北京：北京联合出版公司，2013．
4. 贾薇，任春迎．社交礼仪[M]．北京：中国轻工业出版社，2013．
5. 范晶晶．舞蹈基础训练教程[M]．上海：上海音乐出版社，2013．
6. 马飞．现代商务礼仪规范手册[M]．北京：金城出版社，2013．
7. 许湘岳等．礼仪训练教程[M]．北京：人民出版社，2012．
8. 纪亚飞．服务礼仪标准培训[M]．北京：中国纺织出版社，2012．
9. 李丽．旅游礼仪[M]．北京：中国轻工业出版社，2012．
10. 申作兰，冷德伟．商务礼仪[M]．北京：中国轻工业出版社，2012．
11. 李祝舜．旅游服务礼仪技能实训[M]．北京：机械工业出版社，2012．
12. 张霞．形体训练[M]．北京：科学出版社，2012．
13. 林莉．会展服务礼仪[M]．北京：清华大学出版社，2011．
14. 吴良勤．会议组织与管理[M]．北京：中国劳动和社会保障出版社，2011．
15. 夏志强．商务礼仪100堂课[M]．北京：经济管理出版社，2011．
16. 杰奎琳·惠特摩尔．商务礼仪[M]．北京：中央编译出版社，2010．
17. 钟立群．现代商务礼仪[M]．北京：北京大学出版社，2010．
18. 何荣，王长青．健美操教程[M]．北京：北京师范大学出版社，2010．
19. 张玲．形体礼仪[M]．武汉：华中科技大学出版社，2010．
20. 北京未来之舟礼仪培训机构．中外有别：中国人最应了解的88个国外礼仪[M]．北京：化学工业出版社，2009．
21. 玛丽·默里·博斯罗克．欧洲商务礼仪手册[M]．北京：东方出版社，2009．
22. 袁涤非《现代礼仪》视频公开课http://www.icourses.cn/viewVCourse.action?courseCode=10532V001
23. 《现代礼仪》案例 http://freebird1976.blog.163.com/blog/static/1055863552010113110091 0
24. 《商务礼仪》自主学习网站http://125.223.1.131/sw/index/jiaoxue_ppt.html